les Intégrales de philo

Colle[illegible]

DESCARTES

Discours de la méthode

Notes et commentaires de

Denis HUISMAN

Membre correspondant de l'Institut (section Philosophie)

Président fondateur de l'EFAP (École française des attachés de presse)

Préface de

Geneviève RODIS-LEWIS

Professeur émérite à l'Université de Paris-Sorbonne

Nathan

Sommaire

ISBN 978-2-09-187302-2

Préface

Aucun ouvrage philosophique ne fut jamais célébré comme le *Discours de la méthode* pour son tricentenaire en 1937 : « Congrès Descartes » international à Paris, exposition à la Bibliothèque nationale ; dans le monde entier numéros spéciaux de très nombreuses revues, constituant d'importants recueils d'études sur le philosophe, et la grande presse y fit écho, célébrant en Descartes le représentant éminent de l'esprit français épris de clarté, et dans le *Discours* la proclamation initiale de l'égalité de tous les hommes par la raison, et le propos d'améliorer par la science la condition humaine. Cela suscita, surtout dans les années suivantes, des réactions contre les excès du rationalisme ou de l'emprise technique sur la nature. Descartes n'est plus alors qu'un symbole, et l'anticartésianisme déclaré de la science et de certaines philosophies contemporaines omet de replacer le penseur en son temps pour bien estimer en quoi il fut novateur. Très souvent appelé « père de la philosophie moderne », il a engendré une postérité aussi multiple que divergente et parfois parricide.

En isolant tel ou tel aspect de l'œuvre, on méconnaît que le cartésianisme n'est tel que par leur articulation. On oppose ainsi au spiritualisme de l'âme séparée du corps les germes de matérialisme contenus dans la conception du corps humain comme pure machine : mais la fin de la cinquième partie du *Discours* montre qu'en l'homme le langage dévoile une raison irréductible à la matière. Après l'insistance sur le *cogito* principe de l'idéalisme (au XIXe siècle, où l'on commence à publier le *Discours de la méthode* sans les *Essais* scientifiques dont il était la préface), la réaction positiviste remit à l'honneur Descartes savant, souvent au détriment de la métaphysique : maintes interprétations au début de ce siècle ne voient en elle qu'un moyen de faire accepter plus aisément la physique. En revanche, les grandes études contemporaines sur Descartes se sont surtout attachées aux *Méditations métaphysiques*.

Or le *Discours* rappelle que Descartes projetait d'abord de publier son *Monde* et *L'Homme* avant la métaphysique. Mais en insérant dans la quatrième partie une esquisse de celle-ci, il nous découvre qu'elle seule donne à la méthode, et à la science qui en est issue, leur inébranlable fondement. La principale audace du philosophe est de s'être demandé si les mathématiques, appréciées dès le collège « à cause de la certitude et de l'évidence de leurs raisons » (1re partie, p. 42), résistaient au « moindre doute » : celui qui les affecte dans le *Discours* est moins radical que dans les *Méditations*, mais il suffit de l'argument de fait (certains se trompent même devant des évidences très simples) pour que Descartes rejette « comme fausses toutes les raisons [...] prises auparavant pour démonstrations ». Seul résiste le « Je pense, donc je suis », autorisant ainsi la « règle générale » de n'admettre pour vraies que de telles notions claires et distinctes. En les enchaînant, le philosophe démontre l'existence d'un Dieu essentiellement parfait : alors seulement, la « règle » devient absolument certaine, parce qu'Il est source de toutes nos idées évidentes (4e partie, p. 63). La métaphysique est au centre du *Discours* parce qu'elle est au cœur du système, et Descartes exigeait d'abord pour lui-même cette parfaite assurance.

Mais en sa progression, cette métaphysique apparaît aussi comme un « échantillon » de la méthode, avec la description de la circulation sanguine dans la cinquième partie, et les trois *Essais* qui suivaient le *Discours*. Descartes espérait donner au public un tel désir d'en savoir plus sur l'explication générale de la nature, grâce à la méthode capable de produire de tels fruits (dont la spiritualité de l'âme et l'existence de Dieu), que l'interdit de Rome contre les écrits supposant l'héliocentrisme devrait être levé. Faute de succès sur ce point, Descartes développa séparément sa métaphysique, trop concentrée dans le *Discours*, puis tourna dans les *Principes* les difficultés soulevées par le mouvement de la terre. L'appel pour obtenir des fonds et des collaborateurs, afin de faire progresser la science par des expériences discriminatives, montre également que le propos de Descartes est pratique, et parfois tactique, autant que théorique. Cette histoire de son esprit est tournée vers l'avenir, et adressée au public le plus ouvert, non aux érudits attachés par le latin aux « livres anciens » (6e partie, p. 89).

Le *Discours de la méthode* a fait date par son ton neuf. À présent son langage a vieilli et le soutien d'un commentaire est précieux pour bien comprendre certains termes, soit qu'ils proviennent du fonds scolastique familier à Descartes (à cet égard le grand *Commentaire* de Gilson reste irremplaçable), soit simplement que leur usage ait évolué ou disparu. Il faut aujourd'hui faire effort pour démêler ces longues phrases encore construites comme l'ample période latine. La recherche de la vérité appelle une certaine vertu, telle la « ferme et constante résolution » exigée juste avant l'énoncé des préceptes de la méthode. Descartes demande constamment à ses lecteurs attention et bonne volonté. Ainsi pourra-t-on « avancer en la connaissance de la vérité », et jouir de la plus extrême « satisfaction » (3e partie, p. 55). Nietzsche, souvent évoqué comme anticartésien (il a notamment repris la critique de Schelling contre le *cogito* : mieux vaudrait dire qu'*il y a de la pensée*), a traduit ce passage, reconnaissant ainsi en Descartes un exemple du « gai savoir », comme il saluait en lui l'aristocrate et le penseur de la liberté.

Geneviève Rodis-Lewis
Professeur émérite d'histoire de la philosophie cartésienne
à la Sorbonne

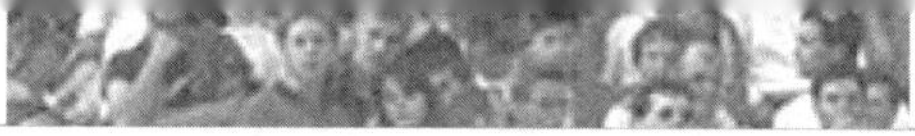

Biographie de Descartes

(1596-1650)

1. L'enfance (1596-1606)

C'est le 31 mars 1596, dans le village de La Haye, aux confins de la Touraine et du Poitou, que naît René Descartes. Son père, Joachim, est conseiller au Parlement de Bretagne. Jeanne, sa mère, meurt en 1597. De cette première enfance, sa grand–mère et sa nourrice furent les seules figures féminines.

2. Le collège de La Flèche (1606-1614)

Descartes y entre en 1606 et y poursuivra son apprentissage jusqu'en 1614.

Premier apprentissage des hommes, d'abord. Le collège de La Flèche est alors « une des plus célèbres écoles de l'Europe ». Descartes, bien que bénéficiant d'un régime privilégié du fait de sa santé fragile, n'en découvre pas moins la variété des caractères et des us qu'offre ce rassemblement de jeunes gens venus de toute la France.

Apprentissage intellectuel, surtout. Comme mainte institution d'enseignement de cette première moitié de siècle agitée, le collège de La Flèche est dirigé par les Jésuites. Leur compagnie constitue le véritable fer de lance du profond mouvement de reprise en main des esprits qui s'effectue alors : bouleversée par l'immense révolution des consciences qu'a représenté la Réforme protestante, l'Europe catholique se ressaisit. C'est l'époque de la Contre-Réforme.

Là, le jeune Descartes étudie les langues et les textes anciens, l'histoire, la poésie, l'art de l'éloquence, mais aussi la théologie et la philosophie : celle d'Aristote, telle que l'a interprétée saint Thomas. Il se livre également à ces joutes oratoires qu'on appelle les « disputes ».

Enfin et surtout, il découvre les mathématiques, qu'il apprend déjà à envisager sous un double angle :

– *Un angle pratique.* L'enseignement des mathématiques vise alors essentiellement à former des ingénieurs, des militaires – arpentage, hydrographie, topographie, science des eaux et des fontaines en sont les applications naturelles – ou à donner des bases de théorie musicale – le premier traité de Descartes, l'*Abrégé de musique,* sera aussi un travail mathématique.

– *Un angle philosophique*. Il faut mentionner ici l'importance de Clavius, mathématicien allemand et organisateur de l'enseignement scientifique dans les collèges jésuites, pour qui les mathématiques fournissent « aux philosophes des exemples de démonstrations solides » car elles « n'admettent non seulement aucune erreur, mais rien même qui soit probable », vérité à laquelle Descartes restera fidèle tout au long de son itinéraire philosophique.

Après une année d'études à la faculté de Poitiers, au terme de laquelle il est reçu licencié en droit civil et en droit canon, il renonce à la carrière juridique.

3. Le livre du monde (1614-1619)

Descartes a 21 ans. Le « conseil de son génie » le pousse à voyager, à connaître le monde pour y « recueillir diverses expériences ». Il s'engage dans l'armée de Maurice de Nassau et part pour Breda, aux Pays-Bas (alors appelés Provinces-Unies). De la vie militaire, il espère ces « expériences » auxquelles il aspire. Les armées de cette époque sont le plus souvent d'incohérents assemblages de troupes mercenaires levées par les princes selon les besoins de la politique : on y rencontre toutes les nationalités, on y parle toutes les langues et les hommes s'y révèlent tels qu'en eux-mêmes.

- **Naissance d'une ambition : « une œuvre infinie »**

Les hasards de la guerre lui réservent pourtant des découvertes autrement décisives. Les Pays-Bas et l'Espagne ont conclu une trêve et le jeune homme se voit condamné à l'inaction de la vie de garnison. C'est alors qu'il fait la connaissance d'Isaac Beeckmann, qui devient son ami et le restera jusqu'à leur rupture en 1630. Avec lui, Descartes étudie les mathématiques et, plus particulièrement, leur lien avec la physique : préoccupation essentielle chez tous les aventuriers de l'esprit qui partout en Europe cherchent alors les voies d'une nouvelle science et abandonnent peu à peu le naturalisme magique et la physique qualitative aristotélicienne que leur a légués la Renaissance. En ce morne hiver 1618-1619, Descartes se livre donc à d'intenses travaux mathématiques.

Printemps et été 1619 : Descartes voyage. Il se rend au Danemark, en Allemagne et effectue des recherches sur les Rose-Croix[1], comme lui en quête du savoir total et dont on parle beaucoup alors. L'Europe connaît les premières secousses de la guerre de Trente ans. Descartes décide de s'engager dans l'armée catholique du duc de Bavière et, en route pour la rejoindre, se voit contraint, l'hiver arrivant, de s'arrêter dans la région d'Ulm et de demeurer « tout le jour enfermé seul dans un poêle[2] ».

1. Société secrète, apparue à Tübingen (Allemagne) au début du XVIIe siècle, ayant pour emblème une rose rouge fixée au centre d'une croix, symbole d'une parfaite connaissance des mystères de la nature.
2. Pièce chauffée par un poêle.

- **Les trois songes**

Il s'est remis aux mathématiques. Dans ce « poêle », au soir du 10 novembre 1619, « plein d'enthousiasme », il croit être « en train de trouver les fondements de la [ou *d'une*] science admirable[1]. » Au cours de la nuit qui suit, il fait trois songes, qu'il considère comme « venus d'en haut ». Il en retire la conviction qu'il lui faut poursuivre la voie dans laquelle il s'est engagé. Moment capital : désormais il s'agira pour lui de « porter au plus haut point ce qu'il trouvait en soi de plus fort et susceptible de génération[2]. » Il a 23 ans.

4. Voyages et recherches (1620–1628)

On sait très peu de choses sur les déplacements de Descartes jusqu'au printemps 1622, époque à laquelle il s'installe à Paris. En septembre 1623, il part pour l'Italie – peut-être y rencontre-t-il Galilée – et, en mai 1625, il est de retour en France. Désormais, et jusqu'en 1628, il restera à Paris. C'est sans doute à cette époque que Descartes lit Kepler[3]. Il s'intéresse à l'optique, effectue des recherches sur la réfraction de la lumière et fait tailler des verres de lunettes pour l'observation astronomique. Enfin, durant l'hiver 1628, il rédige ses *Regulae ad directionem ingenii (Règles pour la direction de l'esprit en la recherche de la vérité*), où il affirme sa croyance en l'unité des sciences et sa confiance en une raison bien dirigée.

À Paris, Descartes fait la connaissance du père Mersenne, cet homme étonnant pour qui les mathématiques « amènent l'entendement à la vérité » et « le transportent à la contemplation des choses abstraites, intellectuelles et divines », cet animateur infatigable autour duquel se réunissent, place Royale (l'actuelle place des Vosges), tous les esprits épris de science mais aussi engagés dans la lutte contre le libertinage érudit et l'athéisme protéiforme qui menace la religion. Marin Mersenne accueille Descartes et devient son ami, partageant ses préoccupations et l'encourageant dans ses travaux. Une fois ce dernier en Hollande, il sera son correspondant privilégié.

Durant ces années, Descartes voit également le cardinal de Bérulle, qui, frappé par la vigueur et la rigueur d'esprit de son interlocuteur, l'incite à se consacrer totalement à la philosophie. Aussi l'homme qui, à l'entrée de l'automne 1628, se prépare à quitter la France pour Amsterdam n'est-il plus un inconnu. Il n'a rien publié à ce jour, mais sa réputation de mathématicien est solide.

---

1. *Cogitationes privatae*, X, 216, traduction française. Pour une analyse plus complète des trois songes, nous renvoyons le lecteur à celle qu'en donne Mme Geneviève Rodis-Lewis dans *L'Œuvre de Descartes*, Paris, 1971, t. 1, pp. 43-55.
2. Paul Valéry, *Les Pages immortelles de Descartes*, Paris, 1941, p. 63.
3. L'astronome allemand Johannes Kepler (1571-1630) a montré que les planètes qui gravitent autour du Soleil suivent une orbite elliptique (et non circulaire, comme on le croyait alors).

5. La Hollande (1628-1644)

Amsterdam, donc. Mais aussi Leyde, Deventer, Utrecht, etc. : Descartes ne cessera de changer de résidence suivant les nécessités de ses travaux. La Hollande, c'est le calme, la paix et la solitude dont Descartes a besoin pour poursuivre son « aventure ».

Octobre 1634 : Descartes rencontre Hélène Jans, dont il aura une fille, Francine. Née le 19 juillet 1635, elle mourra cinq ans plus tard, le 7 septembre 1640.

Juin 1637 : Parution, à Leyde, sans nom d'auteur, du *Discours de la méthode,* suivi de trois essais scientifiques : *la Dioptrique, les Météores* et *la Géométrie.*

Très vite un débat s'engage autour des textes de Descartes. Gassendi et Hobbes y participent. Mersenne est leur intermédiaire : il transmet les critiques dont le philosophe est l'objet. Les unes portent sur les essais, elles sont d'ordre scientifique. Les autres, plus fondamentales, mettent en cause la religion de Descartes. Durant cette période, qui va de 1637 à 1644, Descartes s'emploiera à répondre à ces attaques.

En 1640, il a achevé la rédaction de ses *Méditations métaphysiques,* ouvrage écrit en latin à l'intention des « plus forts esprits » – parmi lesquels Hobbes, Gassendi, Arnauld, les théologiens.

1641 : Parution de l'édition latine des *Méditations,* accompagnée de six séries d'objections et des réponses de Descartes.

1642 : Seconde édition des *Méditations,* à laquelle est ajoutée une septième série d'objections suivie des réponses de Descartes.

1643 : *Lettre à Voet* (en latin). Recteur de l'université d'Utrecht, où l'enseignement de la philosophie cartésienne vient d'être interdit, Voet accuse l'auteur du *Discours* d'athéisme.

En 1644, c'est son système du savoir qu'expose Descartes en publiant ses *Principia philosophiae (Principes de la philosophie)* dédiés à la princesse Élisabeth de Bohême, avec qui il entretiendra une correspondance suivie jusqu'à la fin de sa vie.

6. Le désenchantement (1644-1650)

Au cours des six années qu'il lui reste à vivre, Descartes effectuera trois voyages en France : en 1644, pour régler la succession de son père, décédé en 1640, puis en 1647 et en 1648, avec l'espoir d'obtenir une pension du roi et de s'installer définitivement en France. À Paris, il s'entretient avec Pascal, dont il conteste la thèse de l'existence du vide.

De ses séjours en France – le dernier sera écourté par les débuts de la Fronde –, il garde un souvenir amer. Amertume d'autant plus vive que le philosophe accepte mal l'accueil – indifférence ou incompréhension – que reçoivent ses livres.

Durant cette période, Descartes travaille à une « description des fonctions de l'animal et de l'homme » – « la conservation de la santé a été de tout temps le but principal de mes études », écrit-il alors au marquis de Newcastle.

1648 : Accusé de pélagianisme (doctrine hérétique niant le péché originel) par Regius, son ancien disciple, il publie ses *Notae in programma quoddam* (*Remarques sur un placard*). Il reçoit Frans Burman. L'*Entretien avec Burman* ne sera retrouvé qu'à la fin du XIXe siècle.

1649 : Parution du traité des *Passions de l'âme.*

Les lettres de Descartes de cette époque sont particulièrement importantes car elles sont d'un homme qui, malgré les publications de 1648 et 1649, ne croit plus aux livres pour faire entendre sa voix – déjà, dans le *Discours,* ne disait-il pas « haïr le métier de faire des livres » ? On retiendra surtout ses lettres à Mesland, où il expose sa conception de la liberté, ainsi que sa correspondance avec Élisabeth, Chanut et Christine de Suède sur la morale.

En septembre 1649, après maintes hésitations, le philosophe répondant à l'invitation de la reine Christine, part pour la Suède. Fin janvier, il tombe malade. Le 10 février, raconte Baillet[1], il dit à son valet : « Ah ! mon cher Schluter, c'est pour le coup qu'il faut partir. » Le lendemain, « à quatre heures du matin, âgé de cinquante trois ans, dix mois et onze jours », meurt René Descartes.

Descartes à sa table de travail, gravure anonyme du XVIIe siècle.

On peut voir la solitude du philosophe et l'intérêt qu'il porte aux sciences de la nature.

1. Adrien Baillet, *La Vie de M. Descartes,* Horthemels, Paris, 1691.

Repères chronologiques

Vie de Descartes

1596 Naissance de René Descartes, le 31 mars, à La Haye (Touraine).
1597 Mort de la mère de Descartes.

1618 Engagement dans l'armée hollandaise.

1619 Voyage au Danemark et en Allemagne. Descartes a, en rêve, la révélation de l'unité de la science.
1620 Engagé dans l'armée du duc de Bavière, Descartes assiste à la bataille de la Montagne-Blanche.

1628 Descartes s'installe en Hollande pour vingt ans.

1631 Descartes invente la géométrie algébrique.

1633 Descartes renonce à publier son *Traité du monde*, et s'installe à Amsterdam en décembre.

Littérature, sciences, philosophie

1596 Kepler, *Prodromus dissertationum [...] de admirabili proportione orbium coelestium.*
1615 Harvey découvre la circulation du sang.

1618 Kepler découvre la troisième loi sur le mouvement des planètes.
1619 Kepler, *Harmonices mundi.*

1620 Bacon, *Novum Organum.*

1629 Harvey, *De motu cordis.*

1632 Galilée, *Dialogues sur les deux grands systèmes du monde.*
1633 Mersenne, *Traité des mouvements.*

Événements historiques	Œuvres de Descartes
1596 Henri IV règne en France (depuis 1594).	
1615 Renvoi des États généraux. Les juifs sont chassés de France.	
1617 Concini est assassiné. Le catholicisme est interdit en Suède.	
1618 Début de la guerre de Trente Ans.	**1618** Rédaction de l'*Abrégé de musique.*
1619 Vanini est brûlé vif à Toulouse.	
1620 Révolte de Marie de Médicis : traité d'Angers. Défaite des Tchèques à la Montagne-Blanche : répression contre la Réforme.	
1628 Pétition des Droits.	**1628** Rédaction des *Règles utiles et claires pour la direction de l'esprit* (posth., 1701).
1629 Édit de grâce d'Alès. Campagne de Richelieu en Piémont.	
1631 Bataille de Breitenfeld.	
1632 Colonie anglaise du Maryland.	
1633 Condamnation à Rome des *Dialogues* de Galilée, le 23 juin. L'Inquisition le contraint à abjurer ses théories concernant l'héliocentrisme.	

Repères chronologiques

Vie de Descartes

1640 Mort de sa fille et de son père.

1642 Contacts avec la princesse Élisabeth.
1644 Séjour en France.

1647 Voyage à Paris, où il rencontre Pascal. Début de sa correspondance avec Christine de Suède.

1648 Polémique à Leyde : Descartes est accusé de pélagianisme. Il retourne en France, où il se réconcilie avec Gassendi et se brouille avec Régius (mathématicien). Entretiens avec Burman.
1649 Descartes se rend en Suède, auprès de la reine Christine.
1650 Mort de Descartes à Stockholm, le 11 février.

Littérature, sciences, philosophie

1637 Fondation de la Société des solitaires de Port-Royal.

1640 Jansénius, *Augustinus*.
1641 Condamnation de l'*Augustinus* de Jansénius.

1644 Torricelli invente le baromètre : il découvre la pesanteur de l'air.

1647 Gassendi, *De vita Epicuri.* Pascal, *Nouvelles Expériences touchant le vide.*

1648 Expérience de Pascal au Puy-de-Dôme : la hauteur du liquide est proportionnelle à la pression de l'atmosphère. Mort de Mersenne.

1649 Gassendi : *Animadversiones.*

Repères chronologiques

Événements historiques

1637 Révolte des « Croquants » du Limousin. Révolte de l'Écosse contre Charles Ier.

1640 Prise d'Arras par la France.

1641 Complot du comte de Soissons. Alliance franco-portugaise. Début des négociations de paix entre la France et l'Empire.

1642 Mort de Richelieu.

1644 Cromwell prend York.

1647 Cromwell s'empare de Londres. Fuite de Charles Ier en Écosse : il est livré au Parlement par les Écossais.

1648 Fin de la guerre de Trente Ans. Fronde parlementaire.

1649 Siège de Paris (la Fronde). Révolte de Turenne. Procès et exécution de Charles Ier.

1650 Fronde nobiliaire contre Mazarin. Arrestation de Condé. Bataille de Rethel. Cromwell envahit l'Écosse : bataille de Dunbar.

Œuvres de Descartes

1637 Publication anonyme du Discours de la méthode. La *Dioptrique*, les *Météores*, la *Géométrie*.

1641 Première édition des *Méditations métaphysiques*, en latin.

1642 Deuxième édition des *Méditations métaphysiques*.

1644 Traduction latine du *Discours de la méthode*. Publication des *Principes de la philosophie*, en latin.

1649 Publication des *Passions de l'âme*.

La révolution scientifique du XVIIe siècle

« Descartes se dresse au centre d'une génération d'aventuriers. »
Alain

Au cours de ce XVIIe siècle véhément, turbulent, quelques milliers d'hommes, en Europe, cherchent à se dégager d'une conception du monde issue d'Aristote : minorité active, savants férus de mathématiques, qui ont hérité des humanistes de la Renaissance la passion de la connaissance. Ils vont être les acteurs de ce que l'on a appelé « le miracle des années 1620 [1]. »

1. Conditions économiques et sociales du développement scientifique

Cette nouvelle génération de chercheurs et d'érudits est essentiellement d'origine bourgeoise. Classe montante du siècle, la bourgeoisie, enrichie, dispose en effet désormais d'assez de loisir pour s'occuper de science.

Seconde caractéristique : ce sont des « amateurs », qui effectuent leurs recherches à l'écart de la science officielle et en dehors des universités, où règnent l'enseignement scolastique et le dogme aristotélicien. Francs-tireurs, ils cherchent à s'adresser à un nouveau public et n'hésitent pas à délaisser le latin – langue de la transmission du savoir depuis des siècles – pour écrire en langue vulgaire : c'est le cas de Galilée, dont les *Dialogues* (1632) sont écrits en italien, et de Descartes (*Discours de la méthode*)

« Les sciences ont juré entre elles une inviolable société », écrit en 1634 l'ami de Descartes, le père Mersenne. Médecins, philosophes, savants, expérimentateurs, ces hommes constituent en effet – et c'est là leur troisième caractéristique – une communauté, qui n'exclut pas les antagonismes ni les dissensions, et dont les réseaux de relations couvrent l'Europe entière. Ils voyagent, se rencontrent, confrontent leurs expériences, débattent de leurs thèses et font circuler livres et manuscrits. Ce sont également d'inlassables épistoliers. Marin Mersenne, dont nous avons déjà souligné le rôle moteur qu'il joua dans la vie scientifique et intellectuelle de l'époque (voir **biogra-**

1. Formule de Robert Lenoble, in *Histoire générale des sciences*, publiée sous la direction de René Taton, Paris, 1969, t. II, p. 196.

phie, p. 7), compte à lui seul près de cent cinquante correspondants éparpillés dans toute l'Europe et même jusqu'à Constantinople.

2. Principales étapes de l'essor scientifique

1584 : Giordano Bruno (1548-1600) expose dans *De l'infini de l'univers et des mondes* sa conception d'un univers sans centre, infini et infiniment peuplé.

1590 : Invention du microscope.

1600 : Accusé d'hérésie, Bruno est condamné à mort et brûlé vif à Rome. L'anglais William Gilbert (1544-1603) publie son *Du magnétisme*, première élaboration théorique du magnétisme terrestre : la Terre est un aimant et tourne sur elle-même par sa propre force magnétique.

1604 : Dans une lettre à Paolo, Galilée (1564-l642) expose pour la première fois la loi de la chute des corps.

1605 : Kepler (1571-1630) formule sa loi du mouvement elliptique des planètes autour du Soleil. Fin du dogme du mouvement circulaire.

1610 : Galilée publie le *Sidereus Nuncius* (*Messager sidéral*) : observation des taches du Soleil, des montagnes sur la Lune, des quatre satellites de Jupiter et des phases de Vénus. Ces découvertes sont dues à l'invention d'un nouvel appareil d'optique, le *perspicillum*, la lunette grossissante. Conséquences théoriques de ces observations :
- les théories de Copernic[1] se trouvent vérifiées ;
- l'univers n'est pas parfait et immuable, mais corruptible (taches du Soleil, montagnes sur la Lune).

1614 : L'Écossais John Napier ou Neper (1550-1617) fait connaître sa découverte des logarithmes.

1616 : Première condamnation de Galilée par l'Église.

1623 : Galilée publie le *Saggiatore.*

1628 : L'anglais William Harvey (1578-1657), dans sa *Description anatomique du mouvement des corps et du sang chez les animaux*, expose sa découverte de la petite et grande circulation sanguine, découverte fondatrice de la physiologie moderne.

1632 : Galilée fait paraître les *Dialogues sur les deux principaux systèmes du monde, celui de Ptolémée et celui* de *Copernic.*

1. Nicolas Copernic (1473-1543) fut le premier à substituer au géocentrisme de Ptolémée la théorie de l'héliocentrisme (les planètes tournent à la fois sur elles-mêmes et autour du soleil).

1633 : Descartes, dans son *Traité du monde,* écarte la thèse d'un espace et d'un monde fini. Il parlera d'un monde « indéfini », Dieu seul étant, pour lui, infini[1].
Nouvelle condamnation de Galilée.

1646-1648 : Expériences barométriques de Pascal (1623-1662) : démonstration est faite de l'existence du vide et de la pression atmosphérique.

1687 : Newton (1642-1727) formule sa loi de l'attraction universelle.

3. « La nature est écrite en langage mathématique »

C'est ainsi que Galilée définit dans le *Saggiatore* le nouvel *a priori* qui guide les recherches de la génération de Descartes. Cette formule révolutionnaire témoigne de l'immense bouleversement que connaît alors la démarche scientifique. « À la physique des qualités, écrit Lenoble, se trouve substituée la physique quantitative ; au "Cosmos" hiérarchisé, un Univers "indéfini", formé de phénomènes équivalents et souvent sans finalité ; au monde senti de la perception immédiate – prolongé grâce au microscope par un au-delà de la perception – le monde pensé du mathématicien[2]. » La nature n'est plus traitée du point de vue de ses substances et de ses qualités, mais est dotée d'une structure rationnelle. Le réel se pense, il se calcule, il se mesure. La théorie précède le fait – à la fin du siècle, apparaîtra une nouvelle figure de l'univers scientifique : le savant de laboratoire.

Les conséquences de cette révolution sont décisives : les sciences se constituent peu à peu comme disciplines indépendantes, le rationalisme scientifique est en train de conquérir son autonomie vis-à-vis de la philosophie. La séparation se fait de plus en plus nette entre la foi et la raison, entre la métaphysique et la science. Prenant le contre-pied de ses contemporains, Descartes va demander à la première de fonder la seconde : une contre-révolution dans la révolution. Tel est le pari de cette entreprise singulière qu'est le *Discours de la méthode.*

1. Voir, sur cette question, Alexandre Koyré, *Du monde clos à l'univers infini,* Paris, 1973, p. 129 *sq.*
2. R. Lenoble, *op. cit.*, p. 196.

Avant de commencer la lecture

Brève histoire de l'œuvre

1. Une volonté d'expliquer tous les phénomènes

Installé en Hollande depuis 1628, Descartes multiplie les expériences et les recherches scientifiques. Plempius, médecin hollandais qui le connut durant cette période, parle d'un homme « qui ne lisait pas de livres et n'en possédait point, voué à ses méditations solitaires et les confiant au papier, quelquefois disséquant des animaux... »

La dissection : un des chemins obligés de la connaissance pour cette génération. Ainsi, tandis que Rembrandt peint sa *Leçon d'anatomie* en 1632, Descartes écrit au père Mersenne : « J'anatomise maintenant les têtes de divers animaux pour expliquer en quoi consistent l'imagination, la mémoire [...] »

Dans ses lettres, Descartes entretient également le père jésuite d'acoustique, d'optique, de balistique, de mécanique. Il s'intéresse aux taches du Soleil, à la nature de la lumière, aux mécanismes de l'œil.

Ces multiples travaux sont en fait l'expression d'un projet beaucoup plus vaste celui d'un *Traité du monde* : « [...] je me suis résolu d'expliquer tous les phénomènes de la nature, c'est-à-dire toute la physique[1] ». Mais ce traité ne paraîtra jamais de son vivant. En effet, en avril 1633, éclate « l'affaire » Galilée : le savant italien, dont les *Dialogues sur les deux principaux systèmes du monde, celui de Ptolémée et celui de Copernic* ont été publiés moins d'un an plus tôt, est sommé par le Saint-Siège de renoncer à ses positions coperniciennes, et Galilée s'incline. Descartes, dont les thèses sont proches de celles de Galilée, s'inquiète et décide de ne pas publier son *Monde* : « [...] je me suis résolu de brûler tous mes papiers, ou du moins de ne les laisser voir à personne[2] ».

2. Un livre accessible à tous

Descartes ne baisse pas pour autant les bras et songe à faire publier certains fragments de son *Monde,* en les accompagnant d'une préface : ce

1. *Lettre à Mersenne,* 13 novembre 1629.
2. *Lettre à Mersenne,* novembre 1633.

sera le *Discours de la méthode.* En mars 1636, dans une lettre à Mersenne, apparaît son projet définitif – seul le titre changera :

« Et afin que vous sachiez ce que j'ai envie de faire imprimer, il y aura quatre *Traités* tous français, et le titre en général sera : *Le projet d'une Science universelle qui puisse élever notre nature à son plus haut degré de perfection. Plus la Dioptique, les Météores et la Géométrie ; où les plus curieuses Matières que l'Auteur ait pu choisir, pour rendre preuve de la Science universelle qu'il propose, sont expliquées en telle sorte que ceux mêmes qui n'ont point étudié les peuvent entendre.* En ce *projet,* je découvre une partie de ma Méthode, je tâche à démontrer l'existence de Dieu et de l'âme séparée du corps, et j'y ajoute plusieurs autres choses qui ne seront pas, je crois, désagréables au lecteur. »

En 1637, le *Discours de la méthode pour bien conduire sa raison et chercher la vérité dans les sciences* paraît à Leyde. Cette autobiographie, écrite pour que « les femmes mêmes », puissent y « entendre quelque chose » et qu'aussi « les plus subtils » y trouvent « assez de matière pour occuper leur attention[1] », est accompagnée de trois « essais » : *la Dioptrique,* où Descartes expose sa découverte de la loi de la réfraction ; la *Géométrie,* qui présente ses recherches en mathématique et particulièrement sa géométrie analytique ; enfin *les Météores.*

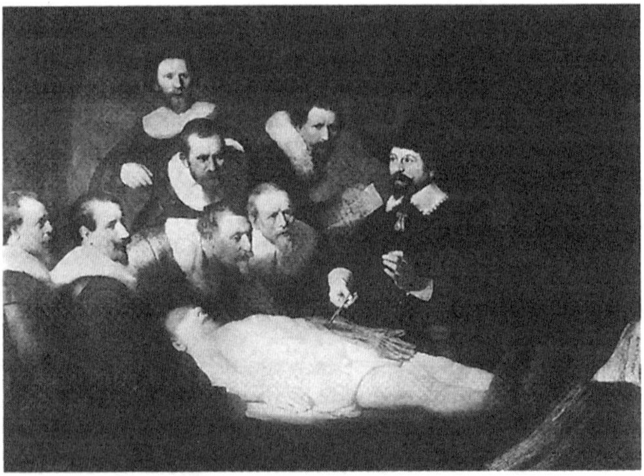

Rembrandt, *La leçon d'anatomie,* 1632, La Haye.

« [...] si j'avais la commodité de faire toutes les expériences dont j'aurais besoin pour appuyer et justifier mes raisonnements », Descartes, *Lettre-préface* aux *Principes de la philosophie.*

La dissection est indispensable pour le progrès de la médecine, science où les recherches théoriques ne peuvent pas se substituer à l'expérimentation.

1. *Lettre au Père Vatier,* 22 février 1638.

Problématiques essentielles

Le refus de l'argument d'autorité

1. L'ancienneté d'un savoir n'est pas un gage de vérité

À la sortie du prestigieux collège de La Flèche où il a étudié, Descartes éprouve une profonde déception. Malgré une érudition certaine (il y a appris le latin, le grec, l'éloquence, la poésie, les mathématiques, la théologie, la philosophie, etc.), Descartes se sent bien « désarmé[1] » pour affronter les vicissitudes de la vie. Les scolastiques, en effet, ne sont pas parvenus à le convaincre du sérieux de leur enseignement. Ces maîtres épris de la tradition et férus de théologie ne font que transmettre des dogmes sans même les remettre en question, imposant ainsi l'ancienneté d'un savoir comme la vérité.

Pour Descartes, un savoir que l'on n'a pas éprouvé ni expérimenté soi-même n'est qu'ignorance ou préjugé : il fait tenir pour acquis quelque chose que l'on n'a pas réellement compris. Il n'y a de vraie connaissance que celle à laquelle le sujet peut parvenir seul, à l'aide de sa propre raison. Ainsi, l'argument d'autorité des scolastiques, qui consiste à déclarer vraie une doctrine sous prétexte qu'elle a été formulée par Aristote, devient caduc : plus rien ne distingue le savoir scolastique des préjugés de notre enfance, où nous acceptons certains principes parce qu'ils nous sont transmis par nos parents ou par nos maîtres.

2. Réconcilier la science et la vie

Or, Descartes n'a qu'un seul souci : « marcher avec assurance en cette vie », et distinguer la vérité réelle de la vérité apparente. « Tout mon dessein, dit-il, ne tendait qu'à m'assurer et à rejeter la terre mouvante et le sable, pour trouver le roc ou l'argile[2] ». Au collège de La Flèche, les jésuites prêchaient davantage la morale qu'ils ne la justifiaient ; le plus souvent, les exemples littéraires tenaient lieu d'expérience personnelle. On y enseignait la morale en soi, le faux et le vrai pris en eux-mêmes, sans aucun souci de leur application à la vie concrète. Incapables de guider efficacement notre conduite, les préceptes des scolastiques dissocient l'homme de Dieu, les idées de la réalité et enfin l'homme pensant de l'homme concret.

1. Ferdinand Alquié, *La Découverte métaphysique de l'homme chez Descartes*, Paris, PUF, 1966, p. 19.
2. *Discours de la méthode*, p. 57.

Descartes oppose à cette tradition sclérosée une philosophie réconciliée avec la vie. Les maîtres de La Flèche, en prônant autant de méthodes qu'il y a de sciences, ont ruiné l'unité que la vie confère à nos actes. Nous ne faisons plus le lien entre savoir et vivre, comme si les sciences constituaient un corps autonome et indépendant de la vie sociale. Or, selon Descartes, la science se doit de servir le bien de l'humanité. Par *bien*, il faut entendre une relative aisance intellectuelle et physique qui nous permette d'agir mieux, et dans de meilleures conditions. La vie pratique ne laissant à l'action aucun délai, il s'agit, en toutes circonstances, et librement, d'être capable de se décider pour la vérité ou pour l'erreur. La vérité ne s'apprend plus, au sens où l'on assimile des principes théoriques, mais elle s'expérimente. Descartes envisage la vérité comme un engagement de soi-même, et non plus comme un acquis. Remarquant que les dogmes des scolastiques sont totalement dissociés de la vie courante, et qu'ils laissent les hommes aussi démunis que les ignorants face aux questions de la morale, Descartes reconnaît « la supériorité de l'inspiration sur les règles[1] ». Mais pour cela, il faut être à même de ne pas confondre le bien et ce qui nous semble être le bien. Il nous faut donc acquérir une méthode, afin d'être sûrs que ce que nous tenons pour vrai est solidement établi.

3. Penser par soi-même, avec méthode

C'est une véritable philosophie de la maîtrise de soi et des choses que nous propose donc Descartes. Au savoir faussement assuré des scolastiques, il oppose la connaissance de nos propres capacités : il s'agit désormais de savoir – non plus la doctrine de nos aînés en matière de vérité – mais de quoi nous pouvons être maîtres. Qu'est-ce donc qui est en notre pouvoir ? Descartes répond : notre propre pensée. Penser par soi-même, tel est le pari du *Discours de la méthode*. Dans une lettre adressée à un adversaire anonyme, Descartes déclare qu'« il serait à souhaiter autant de certitude dans les choses qui regardent la conduite de la vie, qu'il en est requis pour acquérir la science[2] ». Il nous faut donc adopter une démarche critique vis-à-vis de nous-mêmes, et s'enquérir du fondement de nos connaissances avant de s'intéresser à leur contenu.

Descartes se résout à « ne chercher plus d'autres sciences que celle qui se pourrait trouver[3] » en lui-même. La fascination de Descartes pour l'intuition ne nous autorise en rien à penser que la méthode qu'il emploie pour diriger notre esprit est issue de son seul génie. La vérité cartésienne est une vérité de foi, une certitude intérieure que la méthode doit confirmer. Ce qui est dit de la vérité de l'extérieur, c'est-à-dire par autrui – qu'il s'agisse de théologiens, de philosophes ou de maîtres –, n'est que de l'ordre du vrai-

1. Geneviève Rodis-Lewis, *L'Œuvre de Descartes*, Paris, Vrin, 1971, t. I, p. 17.
2. Descartes, *Lettre à Hyperaspistes*, août 1641, *in* Jean-Marie et Michelle Beyssade, *Descartes : correspondance avec Élisabeth et autres lettres*, Paris, GF-Flammarion, 1989, p. 47.
3. *Discours de la méthode*, pp. 43-44.

semblable. Est vraisemblable ce qui a une apparence de vérité, mais qui ne montre pas en quoi cela est vrai.

4. La vérité ne se trouve pas dans les livres

Aux principes présentés par les scolastiques comme inhérents les uns aux autres, et sans nulle justification de cette inhérence, Descartes oppose l'intuition, la déduction et l'ordre. Ces trois notions ne sauraient se trouver dans les livres : « les écrits des anciens païens, qui traitent des mœurs » sont comparables à « des palais fort superbes et fort magnifiques », qui ne sont « bâtis que sur du sable et sur de la boue ». Faute de nous enseigner « à les connaître[1] », les scolastiques, avec leurs livres et leur savoir érudit, ne cherchent qu'à imprégner notre esprit de principes en nous impressionnant. Les exemples littéraires utilisés pour enseigner la morale ne nous touchent pas, et mettent en valeur les vertus au lieu de nous expliquer en quoi les vertus sont bonnes.

L'intuition, la déduction et l'ordre se trouvent donc en notre for intérieur, c'est-à-dire dans nos raisonnements démonstratifs : il nous faut reconstruire une logique, trouver *le comment* de ce que nous tenons pour acquis. Au moyen de la méthode, nous passons d'une idée à une autre, d'une notion à une autre, en intuitionnant leur rapport. L'ordre de nos pensées ne nous est plus imposé du dehors ; il est reconstruit par nous du dedans. De l'érudition, Descartes dit qu'elle lui a fait découvrir son « ignorance », intacte : « [...] je me trouvais embarrassé de tant de doutes et d'erreurs, qu'il me semblait n'avoir fait autre profit, en tâchant de m'instruire, sinon que j'avais découvert de plus en plus mon ignorance[2] ».

Le savoir livresque ne constitue donc pas une connaissance ; il n'est qu'une information ou un fait de mémoire. La vérité n'est pas une somme de principes qu'il nous faut mémoriser, mais la compréhension interne des rapports qui relient les choses et les idées entre elles. Les livres ne nous offrent que l'exposition de faits illustrant la vérité, tandis que l'expérience ou la connaissance par soi-même, nous invite à une recherche personnelle du vrai lui-même.

En résumé, il faut retenir qu'il n'est plus question pour Descartes d'accorder notre confiance aux Anciens, sous prétexte que leur savoir a fait office de vérité durant des siècles et des siècles. Nous sommes appelés à être nous-mêmes les juges de notre propre savoir. Ce recentrage de la connaissance sur le sujet impose une mise en question radicale de tout ce que nous avons cru savoir jusqu'ici, et donc une rupture décisive avec les grands auteurs du passé. Car « lorsqu'on est trop curieux des choses qui se pratiquaient aux siècles passés, on demeure ordinairement fort ignorant de celles qui se pratiquent en celui-ci[3] ».

1. *Discours de la méthode*, p. 42.
2. *Op. cit.*, p. 40.
3. *Op. cit.*, p. 42.

Sans méthode, point de connaissance certaine

Voir **Première partie**, pp. 39-40 et **Seconde partie**, pp. 48-51

1. Une méthode mathématique et progressive

Il n'est pas exagéré d'affirmer que Descartes a l'ambition d'inventer ce qu'aucun philosophe ou moraliste n'a su construire : une science de la vie. Il s'agit d'agir avec méthode, et selon des règles tirées des mathématiques. Or la vie à laquelle Descartes choisit de se consacrer, c'est celle de la recherche du vrai. Si le vrai est l'objet d'une méthode, c'est que « la science est masquée, et réserve sa beauté à celui qui la dévoilera[1] ». C'est dire qu'un certain nombre d'étapes s'imposent à celui qui prétend découvrir cette science.

Pourquoi ne peut-on pas connaître sans recourir à une méthode ? N'est-il pas fréquent, dans notre vie courante, de comprendre les choses au moyen de notre intuition ? Ne nous arrive-t-il pas de « tomber juste », de trouver une vérité sans l'avoir cherchée ? L'exigence cartésienne d'une méthode n'est pas le souci d'un esprit pointilleux ou peu aventureux. Si l'on ne connaît qu'à l'aide d'une méthode, c'est que la connaissance, pour être toujours certaine, ne doit plus être livrée au hasard. Nous devons la maîtriser et même la provoquer. Si avec cette méthode nous découvrons quelques principes ou vérités, nous sommes assurés d'en trouver d'autres en procédant de même.

2. Le doute, première étape de la méthode

La méthode de Descartes peut être appréhendée selon deux aspects : le premier est « critique[2] ». La méthode, considérée d'un point de vue négatif, sert à « éviter l'erreur[3] ». Nos pires ennemis sont « la prévention » (nos préjugés), et « la précipitation[4] ». De nos préjugés, Descartes dit qu'ils rendent « presque impossible que nos jugements soient si purs, ni si solides qu'ils auraient été, si nous avions eu l'usage entier de notre raison dès le point de notre naissance, et que nous n'eussions jamais été conduits que par elle[5] ». La prévention dont nous sommes ici victimes n'est pas la prudence,

1. Geneviève Rodis-Lewis, *op. cit.*, p. 38.
2. Ferdinand Alquié, « Descartes », in *Encyclopaedia Universalis*, 1989, p. 243.
3. *Ibid.*
4. *Ibid.*
5. *Discours de la méthode*, p. 46.

ce qui serait un bien aux yeux de Descartes, mais ce qui nous empêche de considérer quelque chose malgré nous (comme l'exprime l'expression anglaise *to prevent somebody from doing something*[1]). Le danger souligné par Descartes est qu'en nous inculquant dès l'enfance ce qui est à connaître, nous sommes portés à ne pas connaître par nous-mêmes. Or, accepter ce que l'on nous a appris à accepter, c'est être ignorant. C'est tout prendre en bloc et ne rien discerner. Nous ne sommes même pas en mesure d'estimer la valeur du contenu que nous avons absorbé. Ce savoir-là fait écran entre nous et le monde, nous empêchant de voir ce dernier tel qu'il est.

La précipitation est d'autant plus néfaste qu'elle s'applique à des esprits que les éducateurs ont habitué à juger avant de connaître. En nous précipitant à agir ou à tenir une chose pour acquise, nous sommes dans l'incapacité de distinguer ce qui appartient à cette chose et ce qui ne lui appartient pas. La précipitation, en d'autres termes, nous prive d'une vision de la nature propre des choses. Nous n'en voyons que l'aspect qui nous est utile ou convenable. Nous prenons l'agréable pour le bien et découvrons souvent trop tard que nous nous sommes fourvoyés : c'est ainsi que nous avons tendance à ne pas voir qu'un bien à court terme peut s'avérer être un mal à long terme. Ainsi, si j'ai très mal à la tête, je vais avaler précipitamment deux cachets d'aspirine, sans tenir compte du fait que cette dernière peut me causer de fortes brûlures à l'estomac. Que fallait-il savoir pour agir le plus efficacement possible ? Qu'il vaut mieux privilégier le long terme que le court terme (sauf en cas de danger de mort). C'est en quoi ceux qui, dans la vie, « ne marchent que fort lentement, peuvent avancer beaucoup davantage, s'ils suivent toujours le droit chemin, que ne font ceux qui courent, et qui s'en éloignent[2] ». Car la rectitude de notre manière d'agir nous permet de savoir à l'avance où nous allons. Les autres, les empressés, perdent du temps en revenant sur leurs pas et en essayant de trouver d'autres moyens pour obtenir ce qu'ils veulent.

Descartes s'en remet pour l'instant davantage à la « défiance » qu'à la « présomption ». À l'excès de confiance en soi des scolastiques, qui ne cachait qu'une absence de justifications de leurs dogmes, la méthode substitue un mode d'emploi du moyen par lequel les hommes peuvent reconstituer les maillons de la chaîne que constituent leurs savoirs. On est plus sûr de ne pas se tromper en doutant qu'en affirmant ; et c'est là le premier pas vers la méthode.

3. Les quatre règles de la méthode

Le second aspect de la méthode est technique. Il s'agit non plus de contourner les préjugés, mais bien de découvrir la vérité. La « circonspection »

1. « Mettre en garde, empêcher quelqu'un de faire quelque chose ».
2. *Discours de la méthode*, p. 39

est le mot d'ordre de cette méthode. Cette prudence, loin d'être timorée, consiste à rejeter tout ce dont on doute, mais non pas toute chose. La méthode comporte quatre règles (la dernière résumant les trois précédentes) :

- **La règle d'évidence** consiste à « ne recevoir jamais aucune chose pour vraie, que je ne la connusse évidemment être telle[1] ». On ne doit recevoir pour vrai que ce qui est évident ; et n'est évident que ce dont on a une idée claire et distincte. Une idée n'est claire que quand on aperçoit tous ses éléments ; distincte, quand on ne peut la confondre avec une autre. Le vrai ne doit donc nécessairement être affirmé qu'au terme d'un travail personnel de constitution et de vérification. Nous ne savons que dans la mesure où nous recréons le savoir.
- **La règle de l'analyse** est « de diviser chacune des difficultés [...] en autant de parcelles qu'il se pourrait[2] ». Il ne s'agit pas seulement de décomposer une idée complexe en ses éléments simples, comme en chimie ; ce procédé ramène l'inconnu au connu et remonte aux principes dont il dépend. Descartes soupçonne toute difficulté de n'être complexe que par accident. Il faut déployer, déplier toute idée pour en faire ressortir la simplicité.
- **La règle de la déduction** ordonne « de conduire par ordre mes pensées », des « objets les plus simples » aux « plus composés ». En allant du simple au complexe, l'ordre de nos idées devient logique, et fait dépendre ces dernières les unes des autres. Penser, c'est donc soupçonner une hiérarchie des conditions et des conséquences, et renoncer au hasard.
- **La règle du dénombrement** consiste à faire « des dénombrements », où l'on passe d'un jugement à un autre. Cela ne doit plus être le fait de la mémoire mais celui de l'esprit, soucieux des séries exhaustives au-delà desquelles on ne peut plus aller.

Par ces « procédés universels », il s'agit de découvrir « le rapport constant de chaque terme avec celui qui le suit[3] », de manière à pouvoir reconstituer la totalité de la série à partir d'un seul de ces termes. Cet enchaînement de raisons nous permet de résoudre, d'après Descartes, n'importe quel problème. Cette méthode vaut, par sa nécessité, de manière universelle ; et c'est ce qui fait la certitude de nos connaissances. Par cette méthode seulement, chaque effet est rapporté à sa cause, et chaque chose est reliée à une autre, et non isolée. Descartes s'est efforcé de mettre en rapport l'intuition et la déduction (l'ordre), comme inséparables l'une de l'autre : sans l'intuition, l'ordre ne serait rien, il ne pourrait rien ordonner (nous choisissons ce qu'il y a à ordonner) ; et sans l'ordre, nos intuitions se présenteraient sans lien entre elles, au hasard. Ces dernières ne constitueraient pas une véritable connaissance, mais une sorte d'expérience fragmentée. On ne connaît donc que par ordre et dans l'ordre.

1. *Discours de la méthode*, pp. 49-50.
2. *Op. cit.*, p. 50.
3. Ferdinand Alquié, *op. cit.*, p. 244.

Une morale de la modération

Voir **Troisième partie**, pp. 52-56

1. Concilier doute et action

Après avoir rejeté le savoir qui lui a été inculqué par les scolastiques, Descartes explique qu'il est nécessaire de douter de tout ce que l'on croit savoir ; non pas en vue de faire table rase du passé, mais afin de voir quels sont les principes que le doute ne pourra pas dissoudre. Ce qui résiste au doute peut être considéré comme certain et vrai : certain, parce que je l'ai éprouvé moi-même en constatant l'échec du doute absolu, et vrai, parce que je me suis assuré que certaines choses résistent à ce doute. Le pari de Descartes, comme l'affirme Geneviève Rodis-Lewis, est de « détruire le doute par le doute[1] », afin de mieux rendre possible l'action.

Le souci majeur, pour celui qui se met à l'épreuve du doute, est de savoir quels principes vont le guider dans la vie courante en attendant qu'une vérité certaine soit trouvée. Nous pouvons certes suspendre notre jugement, affirmer ou ne pas affirmer, croire ou ne pas croire, mais non pas suspendre notre action. Pendant que nous doutons, il nous faut bien continuer à vivre et à agir. La difficulté consiste donc à concilier, en même temps, l'irrésolution provisoire de notre jugement (ne rien considérer comme certain), et la résolution de notre volonté (qui est la règle de toute action). Comment agir alors que plus rien n'est sûr ? Comment ne rien tenir pour certain sans tomber dans l'amoralisme (l'absence de toute morale) ?

2. Les quatre maximes de la morale provisoire

La morale « par provision » (encore appelée « morale provisoire ») que Descartes expose dans la troisième partie du *Discours* vise à pallier cette absence momentanée de certitude. La morale par provision comporte quatre maximes :

- **Première maxime**

  « Obéir aux lois et aux coutumes » de son pays, dont « la religion ». Loin de nous recommander le conformisme, qui ne distingue pas les opinions sensées des opinions erronées, Descartes nous invite à nous ranger au mode de pensée des hommes sensés, parce que prudents. Mieux vaut suivre (pendant un temps) la tradition que l'anarchie, en attendant

1. Geneviève Rodis-Lewis, « Descartes : les nouvelles lectures », in *Le Magazine littéraire*, avril 1996, n° 342, p. 24.

d'adopter ses propres principes. C'est aussi un gage de paix et d'anonymat, indispensables à l'apprentissage de la connaissance.

- **Seconde maxime**

  « Être le plus ferme et le plus résolu en mes actions que je pourrais ». Une fois de plus, mieux vaut l'erreur que l'indécision et l'inaction. Puisque la vie nous impose à tout moment des choix et des actions, et puisque l'action ne souffre aucun délai, la constance dans nos décisions ne peut qu'être louable et profitable. Nous avons au moins accompli ce que nous voulions. Tels « les voyageurs égarés » dans la forêt, avant d'exiger d'emprunter le bon chemin, il importe surtout de sortir de la forêt. Et cela n'est possible qu'en marchant et en agissant en ligne droite.

- **Troisième maxime**

  « Changer mes désirs plutôt que l'ordre du monde », en vertu du fait « qu'il n'y a rien qui soit entièrement en notre pouvoir, que nos pensées ». Descartes se réfère ici aux stoïciens, et plus précisément au *Manuel* d'Épictète, où le philosophe distingue les « choses qui dépendent de nous », tels « nos jugements, nos tendances, nos désirs » et nos « aversions », des choses « qui n'en dépendent pas » (« notre corps », « la richesse, la célébrité » et « le pouvoir »). En se rendant maîtres de leurs pensées, les stoïciens espéraient ainsi échapper à l'empire du hasard dans leur vie et rivaliser de félicité avec Dieu. Plutôt que de réformer le monde, il est plus efficace de réformer ses pensées.

- **Quatrième maxime**

  C'est un résumé des précédentes. Il s'agit de « faire choix de la meilleure » sorte de vie, au regard de celles des autres hommes. Descartes opte pour celle du philosophe, qui emploie sa vie entière à « cultiver » sa « raison ». La connaissance du vrai bien entraîne une conduite juste ; car de bons principes ne peuvent pas nous faire commettre d'erreurs.

3. Éviter à tout prix l'indécision

Descartes reconnaît lui-même que la raison est impuissante à délimiter le champ de notre action. Il précisera d'ailleurs plus tard, dans les *Principes de la philosophie*, que la simple certitude morale doit être « suffisante pour régler nos mœurs ou aussi grande que celle des choses dont nous n'avons point coutume de douter touchant la conduite de la vie, bien que nous sachions qu'il se peut faire absolument parlant, qu'elles soient fausses[1] ». À défaut de vérité, nous nous contenterons provisoirement du vraisemblable, comme le touriste qui, sans être jamais allé à Rome, croit effectivement que c'est une ville d'Italie. La morale cartésienne requiert donc

1. Descartes, *Principes de la philosophie*, Paris, Vrin, 1989, IVe partie, § 205, p. 323.

la prise d'un risque mesuré : nul n'est à l'abri d'une erreur, mais mieux vaut suivre un principe erroné que de n'en pas suivre du tout.

Lorsque nous devons agir, nous sommes comme ce promeneur égaré dans une forêt, qui, ne sachant comment en sortir, multiplie les options, les chemins, sans jamais les suivre jusqu'au bout. Or Descartes préconise qu'on fasse un choix, un seul, et qu'on s'y tienne. Exactement comme pour le promeneur égaré, qui ne sortira de la forêt que s'il marche le plus droit possible et toujours dans la même direction, afin de ne pas tourner en rond. Quelle peut être la portée philosophique de telles considérations ? Cette image du voyageur perdu dans la forêt a une visée essentiellement éthique : elle consiste à nous montrer l'irrésolution, l'hésitation perpétuelle, les promesses non tenues, comme une impasse à la fois physique et psychologique dont on ne peut sortir. Cette faiblesse d'esprit est d'autant plus tragique qu'elle prend un temps considérable, qu'elle nous épuise, sans nous faire avancer pour autant.

La morale par provision nous empêche donc de tomber dans l'amoralisme : car c'est elle qui nous tient lieu de raison, avant que celle-ci soit en pleine possession de ses moyens. Descartes nous donne à comprendre que la rationalité ne précède pas l'action, que les principes du « raisonnable » ne sont pas antérieurs à l'expérience. La rationalité est obtenue après coup, dans notre fidélité obstinée à notre choix initial. Autrement dit, ce qui était tout d'abord un effet du hasard devient, par notre entêtement à nous en tenir à une même conduite, une nécessité contrôlée. Nous sommes maîtres de nous-mêmes, et le résultat de notre action ne fait que le confirmer. Le hasard qui gouvernait l'homme irrésolu se retrouve ici gouverné par l'homme décidé : si le premier subit la vie, le second « joue » sa vie et, par là, s'en rend le maître.

Nous voyons alors se profiler comment Descartes conçoit ce qui est bon et ce qui est mauvais : il est bon de persévérer dans l'entreprise que nous nous sommes fixée, et mauvais d'abandonner ce que nous avions commencé. L'important, c'est d'agir. On comprend d'autant mieux ce qui poussera Descartes à affirmer, dans *Les Passions de l'âme*, que c'est « suivre parfaitement la vertu » que « de ne jamais manquer de volonté pour entreprendre et exécuter toutes les choses que l'homme jugera être les meilleures[1] ». Ce n'est donc pas l'erreur qui est condamnable, mais l'absence de choix, l'indécision : car nous devons choisir le choix lui-même, et non les raisons de choisir ou de ne pas choisir.

1. Descartes, *Les Passions de l'âme*, Paris, Gallimard, 1969, art. 153, p. 139.

Résumé - Guide de lecture

Première partie

(pp. 38-44)

1. Tous les hommes sont dotés de bon sens ou de raison (pp. 38-39)

- Le bon sens est « une lumière naturelle » au moyen de laquelle nous distinguons nous-mêmes le vrai du faux. Il n'y a pas de degrés inégaux de raison entre les hommes, mais uniquement un mauvais usage de la raison. C'est donc par un défaut de méthode involontaire que nous nous trompons, et non par bêtise.
- Les hommes ne diffèrent que par leurs qualités d'esprit : la raison n'est pas l'esprit. L'esprit peut être plus ou moins fiable, en ce qu'il se compose d'imagination et de mémoire, lesquelles peuvent nous faire défaut. Ces différences accessoires n'altèrent en rien ce qui est propre à l'homme : l'usage de sa raison. Mais le bon sens ne suffit pas : pour bien le conduire, il lui faut une méthode.

2. La méthode vise l'établissement d'une morale définitive (pp. 39-40)

- Cette morale se défie de tout *a priori*. Descartes espère rendre accessible au public une sagesse qui se passe de toute culture livresque. Soucieux d'échapper à la flatterie et à la présomption, Descartes se tourne vers l'opinion du public.
- La méthode ne s'enseigne pas, elle se montre et s'éprouve : aux préceptes scolastiques, Descartes préfère la vertu de l'exemple. Aussi cette méthode sera-t-elle contée sur le mode de la fable, c'est-à-dire d'une histoire dont il convient de tirer une morale.

3. La connaissance n'est pas l'érudition (pp. 40-42)

- Descartes nous fait part de l'insatisfaction dans laquelle l'a laissé l'enseignement scolastique. Les principes qu'on lui a appris ne lui servent aucunement à mieux conduire sa vie. Les Anciens, l'école et les livres nous enseignent beaucoup de choses utiles, sauf l'essentiel : marcher avec assurance en cette vie. Or la vie et l'action ne nous demandent pas tant d'être subtils et raffinés qu'efficaces.
- Ainsi, les fables, les livres, l'éloquence, la poésie ou la théologie ne dispensent qu'un savoir théorique, dont le mode d'emploi fait défaut. Il faut se

méfier des fables que l'on n'a pas expérimentées soi-même : rien n'est plus sûr que sa propre expérience. Descartes exhorte son lecteur à ne pas le suivre aveuglément. Il faut se garder aussi de la rhétorique : bien parler, ce n'est pas nécessairement bien raisonner.

4. Seules les mathématiques fournissent la certitude (pp. 42-43)

- Ce sont les seules sciences qui démontrent ce qu'elles affirment et s'appuient sur des principes irréfutables. Descartes entend élargir l'usage des mathématiques à la morale. Car les moralistes célèbrent la vertu en ruinant les passions, sans avoir pris la peine de les éprouver.
- Descartes ne s'occupera pas de théologie, laissant cela aux savants.
- Quant à la philosophie, les querelles qu'elle suscite montrent qu'elle ne détient pas de vérité ferme et assurée.
- Descartes renonce aux honneurs et à la richesse des grands savants : seule la recherche de la vérité l'intéresse.

5. L'enseignement scolastique ne remplace pas l'expérience du monde (pp. 43-44)

- Le monde ordinaire sera le laboratoire de Descartes, car rien ne vaut l'expérience directe des choses et des hommes.
- Enfin, ce en quoi l'on croit fermement depuis longtemps peut fort bien ne pas être vrai... Descartes ne compte que sur un examen rigoureux de sa propre pensée.

Deuxième partie

(pp. 45-52)

1. La méthode, calquée sur le modèle des mathématiques, repose sur l'unité du corps des sciences (pp. 45-46)

- Le vrai ne s'obtient pas en superposant un certain nombre d'affirmations déjà tenues pour vraies. L'exemple de l'architecte montre que l'unité des bâtiments qu'il a lui-même conçus est supérieure au rafistolage de constructions disparates. Dans la pensée, comme en architecture, on ne construit rien de solide sur des fondements établis par d'autres. Descartes ne devra donc compter que sur lui-même pour réformer ses propres pensées.

2. La méthode requiert donc un ordre qui conduise nos pensées (pp. 46-47)

- Le désordre qui règne parmi nos pensées vient de ce que nos précepteurs nous ont inculqué des principes que nous n'étions pas encore en mesure de comprendre ou de juger.
- Mais il ne s'agit pas pour autant de faire table rase de tout le passé : c'est une question d'évaluation. Car il convient de ne pas sombrer dans un scepticisme absolu : la morale et la vie quotidienne ont besoin de certitude. Il faut se méfier des réformateurs pressés qui réforment pour réformer : on ne réforme pas des lois comme on réforme ses propres pensées.

3. Cette réforme radicale n'est pas nécessairement un modèle à imiter (pp. 47-49)

- Cette réforme n'est pas une affaire publique mais personnelle, et non sans danger : car il faut savoir rejeter ce qui nous a été enseigné, en étant capable de conserver ce que l'on juge vrai. Or les vaniteux et les impatients jetteront tout d'un bloc, sans plus aucun repère pour continuer à vivre. Mieux vaut se tromper de principes que de n'en suivre aucun.
- La force et l'ancienneté de la croyance et de la coutume ne sont pas synonymes de vérité : l'unanimité ne fait pas la vérité. Un homme seul est plus à même de la découvrir par lui-même.

4. Descartes présente sa méthode comme évitant les défauts des sciences et de la philosophie scolastique (pp. 49-51)

- Elles enseignent plus qu'elles ne démontrent. Les Anciens recouraient trop à l'imagination, en supposant les principes dont ils partaient comme acquis une fois pour toutes.
- À ce dogmatisme, Descartes veut substituer quatre principes, qu'il énumère (Voir **Problématiques essentielles**, Sans méthode point de connaissance certaine, p. 22).
- L'ordre démonstratif des mathématiques peut s'appliquer au raisonnement philosophique. Descartes débarrassera l'algèbre et la géométrie de leurs considérations imaginatives : on ira de l'inconnu au connu (et non l'inverse).

5. Cette méthode nous fait faire une économie d'efforts et de dispersion (pp. 51-52)

- La connaissance méthodique est la connaissance parfaite. Car connaître parfaitement n'est pas tout connaître, mais savoir d'une chose tout ce qu'on peut en savoir. L'enfant qui utilise les règles de l'addition en sait autant que le mathématicien à ce sujet ; car il n'y a rien à savoir de plus que la méthode pour parvenir à un résultat juste.

- Ce point d'aboutissement est cause d'une joie inégalable. Mais pour arriver à cette sagesse, le parcours est long et réquiert de la maturité.

Troisième partie

(pp. 52-58)

1. La morale par provision comble l'abandon de nos principes (pp. 52-56)

- Cette morale permet de vivre le mieux possible pendant l'entreprise du doute. Elle est provisoire en ce qu'elle n'attend pas que la reconstruction du corps des sciences soit terminée ; mais elle n'est pas due au hasard des circonstances.
- Il s'agit de trois règles, que la volonté de Descartes se donne à elle-même : suivre les opinions les plus modérées des hommes sensés, être résolu en toutes ses actions, se limiter à ce qu'il nous est possible de faire et d'avoir (Voir **Problématiques essentielles**, Une morale de la modération, p. 25).
- D'où Descartes conclut que la meilleure activité en cette vie est la philosophie. Car bien juger, c'est bien vivre.

2. Les maximes de la morale doivent être confrontées à l'expérience du monde (pp. 56-57)

- Les voyages qu'a effectués Descartes lui ont confirmé la nécessité pour bien juger de ne pas juger avec précipitation. Il observe d'abord, étudie, puis juge.
- Il ne faut donc surtout pas imiter les sceptiques, qui doutent pour le plaisir de douter. Contrairement à eux qui font du doute une fin en soi, Descartes fait du doute un moyen provisoire, visant à mieux fonder la vérité.

3. La réforme du savoir est le privilège de la maturité (pp. 57-58)

- Descartes évoque les rumeurs de ses contemporains, qui affirment qu'il aurait découvert *la* vérité. La modestie du véritable savant qu'est Descartes le pousse à honorer cette réputation. Il se retire alors en Hollande dans l'anonymat le plus complet, afin de mieux se consacrer à ses méditations.

Quatrième partie

(pp. 58-64)

1. Le doute hyperbolique doit servir l'action, et non l'empêcher (pp. 58-59)

- Il s'agit de révoquer tout ce qui nous semble douteux, et de conserver tout ce qui résiste à l'épreuve du doute.
- Considérant alors que nous pouvons également avoir des idées vraies dans notre sommeil, Descartes montre qu'une seule chose est indubitable : « Je pense, donc je suis ». C'est-à-dire que moi qui suis en train de penser, je suis bien réel. Douter c'est penser ; et penser c'est être quelque chose.
- Cependant, lorsque je doute, je fais comme si je n'avais pas de corps : même si je doute de tout ce qui m'entoure, je reste quelque chose de réel (celui qui doute). Alors que si je cesse de penser, et que ce qui m'entoure est vrai, rien ne pourrait me laisser supposer que je suis réel. Descartes en déduit que la nature de l'homme est donc de penser, et qu'il ne s'assure de toute chose que par la pensée.
- Ainsi, le doute me révèle que l'âme est distincte du corps : l'âme est immatérielle, et pourtant plus aisée à connaître que le corps. Car je ne sais que j'ai un corps que par la pensée ; mais le corps seul ne me renseigne en rien sur l'existence de mon âme. Bref, l'âme est tout ce que le corps n'est pas.

2. Le clair et le distinct sont la manifestation du vrai (pp. 59-60)

- En disant : « Je pense, donc je suis », je sais ce qu'est une vérité certaine car c'est une vérité première. La vérité n'est donc pas autre chose que le sentiment vif d'une évidence.
- La difficulté consiste à ne pas se laisser abuser par ce que nous croyons concevoir distinctement au moyen de nos sens.

3. J'ai en moi, être imparfait, l'idée d'un être parfait (pp. 60-61)

- Première preuve de l'existence de Dieu.
  - Étant moi-même un être imparfait, je ne peux pas avoir inventé moi-même l'idée d'un être parfait et infini.
  - Il doit donc exister un être plus parfait que moi, qu'il faut que je recherche. Car la perfection ne peut pas naître de l'imperfection.
  - Je dépends nécessairement de cet être parfait ; sinon, j'aurais moi-même été cet être parfait, infini et omniscient.
  - Ne pouvant être la cause d'une perfection qui m'est étrangère, je dois admettre que cette perfection dont j'ai l'idée provient de cet être effectivement parfait.

4. Dieu n'existe pas de la même manière que les choses existent (pp. 61-62)

- Les preuves de l'existence de Dieu sont plus fortes que les preuves de la géométrie, qui n'impliquent pas l'existence de leur objet. Les propriétés du triangle ne m'assurent pas que le triangle existe (il n'est réel qu'en pensée). Seule l'idée du Dieu infini en moi m'assure de son existence.
- Deuxième preuve de l'existence de Dieu : l'existence est une perfection (et la non-existence une imperfection), or Dieu contient en lui toutes les perfections, donc Dieu existe.
- Si beaucoup ont du mal à comprendre ce que sont Dieu et l'âme, c'est qu'ils utilisent leur imagination, qui est un mode de connaissance qui ne convient qu'aux choses matérielles. Ils sont comparables à celui qui se plaint de ne pas entendre une mélodie, en se servant de ses yeux. Pour le vulgaire, ce qui n'est pas imaginable est incompréhensible. Cette erreur provient des scolastiques, qui pensaient qu'il n'y a entre l'imagination et l'entendement qu'une différence de degré, et non de nature. Comme si nous ne pouvions pas avoir d'idées si les sens nous faisaient défaut.

5. L'existence des choses matérielles est douteuse (pp. 62-63)

- Toucher et voir n'est pas savoir. La perception des choses matérielles ne nous fait en rien connaître leur nature ; elle ne nous fournit pas d'idée claire et distincte à leur sujet, donc aucune connaissance vraie.
- Seule la présupposition de l'existence de Dieu (qui ne peut nous tromper), peut nous délivrer du doute.

6. L'erreur ne provient pas de Dieu mais de notre imperfection (pp. 63-64)

- Dieu est un être absolument parfait ; toutes nos idées viennent de lui ; et pourtant, nous nous trompons parfois.
- Mais comme Dieu est parfait, il ne peut être la cause de nos erreurs. Celles-ci proviennent donc de la partie imparfaite de nous-mêmes, par exemple d'une idée confuse et obscure. Par conséquent, la pensée que nous puissions penser tout en dormant n'invalide pas la vérité de nos pensées : que nous dormions ou pas, la véracité de l'idée vraie demeure. Seule l'évidence de la démonstration garantit sa vérité.
- Enfin, voir n'est pas savoir : la clarté de ce que voient les yeux n'est pas la vérité de ce qu'ils voient. La petitesse du soleil que je vois est telle que je la vois ; mais le soleil n'est en vérité pas tel que je le vois. Car les sens et l'imagination ne sont pas faits pour connaître ; ils se limitent à la vie pratique.

Cinquième partie

(pp. 64-77)

1. Les lois de la nature ont été imprimées par Dieu dans nos âmes (pp. 64-65)

- La connaissance de la nature devient possible. Descartes résume son *Traité du monde ou de la lumière*. Divergeant de la physique d'Aristote, et soucieux d'éviter les querelles, Descartes expose brièvement les divers problèmes de sa physique sans les analyser, attendant l'opinion des autorités religieuses.
- Les vérités de la physique se déduisent de celles de la métaphysique : nous ne connaissons des choses matérielles que leur étendue, leurs propriétés, leur figure et leurs mouvements. L'existence de toute chose dépend de Dieu, dont les desseins nous échappent. Nous ne savons de lui que sa constance à produire toujours les mêmes lois physiques, sans quoi il ne pourrait y avoir aucune loi.

2. Le monde n'est pas fini mais indéfini (pp. 66-67)

- Descartes suppose que Dieu recommence à créer un monde nouveau, à partir de lois qu'il établirait conformément à sa sagesse.
- Descartes étudie sur ce modèle fictif la lumière et les corps qu'elle frappe, célestes ou terrestres. Ceux-ci ne sont pas doués d'une intention qui les ferait tendre vers le centre de la Terre. Cela reviendrait à confondre l'âme et le corps ; seule l'âme est douée d'une intention.
- Les animaux et les hommes ont des corps différents : seul celui de l'homme est uni à une âme incorporelle.

3. Le mouvement du cœur est l'effet d'un bouillonnement du sang (pp. 68-74)

- Descartes veut rendre compte des mouvements des corps animés sans recourir aux facultés occultes que Harvey, dans son *Traité du mouvement du cœur*, était amené à supposer avec une prétendue « faculté pulsatile » inhérente à cet organe.
- Pour Descartes, des « esprits animaux » agissent dans le cœur, selon un procédé de macération qui serait cause de la chaleur et du mouvement, comme l'échauffement du foin qui fermente.

4. Le langage et la raison sont ce qui différencie l'homme de l'animal (pp. 74-77)

- L'absence d'un véritable langage animal et l'instinct, qui agit de manière invariable, sont les critères qui distinguent l'automate (l'animal-machine) de l'homme raisonnable.

- Il y a donc entre les animaux et les hommes une différence de nature, qui tient à l'absence de raison chez les premiers.

5. L'âme et le corps sont intimement reliés l'un à l'autre (p. 77)

- L'âme n'est pas dans le corps comme le « pilote dans son navire », ainsi que le pensait Platon. Cela n'explique pas suffisamment l'union entre les deux : le pilote et le navire n'ont entre eux qu'un rapport extérieur ; tandis que l'âme et le corps ont un rapport intérieur. Il s'agit d'un même homme.
- Ce qui distingue radicalement l'âme des bêtes de la nôtre, c'est que l'âme humaine a été créée par Dieu, et qu'elle ne meurt pas forcément (son immortalité étant indémontrable).

Sixième partie

(pp. 77-89)

1. Le « bien général de tous les hommes », c'est les connaissances utiles à la vie (pp. 77-79)

- Descartes distingue la pensée et la connaissance scientifique d'une part, et l'action de l'autre. Les découvertes scientifiques concernent le public : la nouvelle physique permet des applications techniques et médicales. C'est pourquoi écrire le contenu de telles découvertes est une obligation morale.
- Le public doit contribuer à l'avenir de ces recherches, désormais en phase expérimentale, car la vie d'un seul homme est trop brève et ses moyens trop limités pour achever une telle tâche.
- Le but de la science est donc de procurer le bien-être des hommes : limiter leurs efforts, conserver leur santé, voire prolonger leur vie.

2. La physique est une science déductive (pp. 79-81)

- On ne part pas de l'expérience ou de l'observation de la nature mais de l'idée de Dieu et des idées mathématiques. L'expérience scientifique ne se confond pas avec l'observation sensible et immédiate des faits comme ils viennent. Rien ne doit être laissé au hasard ou à l'improvisation.
- L'ordre méthodique est le suivant : la physique commence par ses causes premières, et déduit ensuite des causes leurs effets. Mais cela ne suffit pas à rendre compte de l'existence des corps plus complexes. Pour ces corps, seule l'expérience permet de trancher entre plusieurs déductions concurrentes. Mais jamais le recours à l'expérience ne remet en cause l'explication de ce qui existe selon les lois mécaniques.

3. Un climat de paix est nécessaire à tout progrès de la pensée (pp. 81-84)

- Descartes se ravise et décide de continuer à écrire sans publier ses recherches. Car la communication par un savant de ses découvertes n'est utile qu'à ceux qui ne considèrent dans la science que sa vérité. Or le public est aussi composé de doctes animés par l'esprit de controverse. Descartes ne veut pas perdre son temps à leur répondre, et se battra seul.
- La vérité se situe au-delà de la dispute des cuistres. Les querelles des scolastiques ne servent qu'à argumenter, non à faire avancer la science. De plus, un auteur est souvent victime de contresens de la part de ses lecteurs.
- Les principes de la philosophie et de la physique cartésiennes sont d'autant plus exposés à être mal utilisés qu'ils sont très simples et très évidents.

4. Rien ne vaut l'expérience personnelle du savant (pp. 84-85)

- Elle permet d'estimer la valeur de ses principes et de mieux les maîtriser.
- Ce n'est pas tant la lecture de sa philosophie qui fera progresser la science, mais surtout le fait que les savants cessent de s'en remettre aux autorités pour acquérir leurs certitudes.

5. Le savant se doit de conserver son indépendance d'esprit (pp. 85-88)

- Mieux vaut ne compter que sur soi-même pour avancer ses recherches, malgré le besoin d'argent que le savant peut éprouver pour effectuer ses recherches.
- C'est pour que son absence de publication ne soit pas mal interprétée que Descartes se décide à publier son *Discours*, et qui plus est, en français, langue accessible à tous. Il traitera de domaines peu sujets à la controverse (les météores, la dioptrique et la géométrie).

6. La science est fondée sur la raison, même si elle part de simples hypothèses (pp. 88-89)

- Descartes recourt à des postulats, à des suppositions et non à des principes premiers déjà démontrés. Il donne les effets sans remonter aux causes. En réalité, les effets sont étroitement liés aux causes, et servent à les prouver davantage que les causes ne servent à prouver les effets.
- Enfin, le *Discours* s'adresse à ceux qui n'ont pas le jugement faussé par l'autorité des Anciens, et aux lecteurs instruits.
- Descartes demande à son lecteur de ne pas le lire avec précipitation : les éventuels défauts de sa théorie ne doivent pas la condamner pour autant.
- Quant à la médecine, elle tirera ses règles de la connaissance de la nature.

Discours de la méthode pour bien conduire sa raison et chercher la vérité dans les sciences

RENÉ DESCARTES

DISCOURS DE LA MÉTHODE

POUR BIEN CONDUIRE SA RAISON ET CHERCHER LA VÉRITÉ DANS LES SCIENCES

Si ce discours semble trop long pour être tout lu en une seule fois, on le pourra distinguer en six parties. Et, en la première, on trouvera diverses considérations touchant les sciences. En la seconde, les principales règles de la méthode que l'auteur a cherchée. En la troisième, quelques-unes de celles de la morale qu'il a tirée de cette méthode. En la quatrième, les raisons par lesquelles il prouve l'existence de Dieu et de l'âme humaine, qui sont les fondements de sa métaphysique. En la cinquième, l'ordre des questions de physique qu'il a cherchées, et particulièrement l'explication du mouvement du cœur et de quelques autres difficultés qui appartiennent à la médecine, puis aussi la différence qui est entre notre âme et celle des bêtes. Et en la dernière, quelles choses il croit être requises pour aller plus avant en la recherche de la nature qu'il n'a été, et quelles raisons l'ont fait écrire.

PREMIÈRE PARTIE

Le bon sens[1] est la chose du monde la mieux partagée car chacun pense en être si bien pourvu, que ceux même qui sont les plus difficiles à contenter en toute autre chose, n'ont point coutume[2] d'en désirer plus qu'ils en ont. En quoi il n'est pas vraisemblable que tous se trompent ; mais plutôt cela témoigne que la puissance de bien juger, et distinguer le vrai d'avec le faux, qui est proprement ce qu'on nomme le bon sens ou la raison, est naturellement égale en tous les hommes ; et ainsi que la diversité de nos opinions[3] ne vient pas de ce que les uns sont plus raisonnables que les autres, mais seulement de ce que nous conduisons nos pensées par diverses voies, et ne considérons pas les mêmes choses. Car ce n'est pas assez d'avoir l'esprit bon, mais le principal est de l'appliquer bien. Les plus grandes âmes sont

1. Synonyme de « raison » ou encore de « lumière naturelle ». **Voir Concepts clés**, le bon sens, p. 92.

2. *N'ont point l'habitude.*

3. La « diversité de nos opinions » provient non pas de notre raison, mais de la façon dont nous l'employons, c'est-à-dire de la méthode que nous adoptons.

capables des plus grands vices, aussi bien que des plus grandes vertus ; et ceux qui ne marchent que fort lentement, peuvent avancer beaucoup davantage, s'ils suivent toujours le droit chemin, que ne font ceux qui courent, et qui s'en éloignent.

Pour moi, je n'ai jamais présumé que mon esprit[1] fût en rien plus parfait que ceux du commun[2] ; même j'ai souvent souhaité d'avoir la pensée aussi prompte, ou l'imagination aussi nette et distincte, ou la mémoire aussi ample, ou aussi présente, que quelques autres. Et je ne sache point de qualités que celles-ci[3], qui servent à la perfection de l'esprit : car pour la raison, ou le sens, d'autant qu'elle est la seule chose qui nous rend hommes, et nous distingue des bêtes[4], je veux croire qu'elle est tout entière en un chacun[5], et suivre en ceci l'opinion commune des philosophes[6], qui disent qu'il n'y a du plus et du moins qu'entre les *accidents*[7] et non point entre *les formes*[8], ou nature des *individus* d'une même *espèce*[9].

Mais je ne craindrai pas de dire que je pense avoir eu beaucoup d'heur[10] de m'être rencontré[11] dès ma jeunesse en certains chemins, qui m'ont conduit à des considérations et des maximes, dont j'ai formé une méthode, par laquelle il me semble que j'ai moyen d'augmenter par degrés ma connaissance, et de l'élever peu à peu au plus haut point, auquel la médiocrité de mon esprit et la courte durée de ma vie lui pourront permettre d'atteindre.

Car j'en ai déjà recueilli de tels fruits, qu'encore qu'aux jugements que je fais de moi-même[12], je tâche toujours de pencher vers le côté de la défiance, plutôt que vers celui de la présomption ; et que, regardant d'un œil de philosophe les diverses actions et entreprises de tous les hommes, il n'y en ait quasi aucune qui ne me semble vaine et inutile, je ne laisse pas de recevoir une extrême satisfaction du progrès que je pense avoir déjà fait en la recherche de la vérité[13] et de concevoir de telles espérances pour l'avenir, que si, entre les occupations des hommes purement hommes[14], il y en a quelqu'une qui soit solidement bonne et importante, j'ose croire que c'est celle que j'ai choisie.

Toutefois il se peut faire que je me trompe, et ce n'est peut-être qu'un peu de cuivre et de verre que je prends pour de l'or et des diamants. Je sais combien nous

1. Descartes distingue l'esprit de la raison. **Voir Concepts clés,** le bon sens, p. 92.
2. *Du commun des mortels.*
3. *Et je ne connais pas d'autres qualités que celles-ci.*
4. La définition classique de l'homme est : « animal raisonnable ». *Animal* désigne le genre qui est commun à l'homme et aux autres animaux, *raisonnable* désigne ce qui distingue l'homme du chien ou du cheval. Cette distinction se nomme « différence spécifique ».
5. *En chacun de nous.*
6. Descartes parle ici des philosophes scolastiques.
7. Notion aristotélicienne et scolastique, qui désigne tout ce qui n'est pas essentiel à un être.
8. Notion aristotélicienne et scolastique, qui désigne le principe ou l'idée qui détermine la matière.
9. Pierre, Paul ou Jacques, individus de l'espèce humaine, peuvent être plus ou moins grands (accidents), mais il ne peuvent être plus ou moins « homme » !
10. *De chance.*
11. *De m'être trouvé.*
12. *Bien qu'en ce qui concerne les jugements que je porte sur moi-même.*
13. **Voir Concepts clés**, la vérité, p. 95.
14. C'est-à-dire des hommes qui ne peuvent atteindre la sagesse par les lumières divines de la révélation ou de la grâce.

sommes sujets à nous méprendre en ce qui nous touche, et combien aussi les jugements de nos amis nous doivent être suspects, lorsqu'ils sont en notre faveur. Mais je serai bien aise de faire voir, en ce discours, quels sont les chemins que j'ai suivis, et d'y représenter ma vie comme en un tableau[1], afin que chacun en puisse juger, et qu'apprenant du bruit commun les opinions qu'on en aura, ce soit un nouveau moyen de m'instruire, que j'ajouterai à ceux dont j'ai coutume de me servir.

Ainsi mon dessein n'est pas d'enseigner ici la méthode[2] que chacun doit suivre pour bien conduire sa raison, mais seulement de faire voir en quelle sorte j'ai tâché de conduire la mienne. Ceux qui se mêlent de donner des préceptes, se doivent estimer plus habiles que ceux auxquels ils les donnent ; et s'ils manquent en la moindre chose, ils en sont blâmables. Mais, ne proposant cet écrit que comme une histoire, ou, si vous l'aimez mieux, que comme une fable[3], en laquelle, parmi quelques exemples qu'on peut imiter, on en trouvera peut-être aussi plusieurs autres qu'on aura raison de ne pas suivre, j'espère qu'il sera utile à quelques-uns, sans être nuisible à personne, et que tous me sauront gré de ma franchise.

J'ai été nourri aux lettres[4] dès mon enfance et pource qu'on[5] me persuadait que, par leur moyen, on pouvait acquérir une connaissance claire et assurée de tout ce qui est utile à la vie, j'avais un extrême désir de les apprendre. Mais, sitôt que j'eus achevé tout ce cours d'études, au bout duquel on a coutume d'être reçu au rang des doctes, je changeai entièrement d'opinion. Car je me trouvais embarrassé de tant de doutes et d'erreurs, qu'il me semblait n'avoir fait autre profit, en tâchant de m'instruire, sinon que j'avais découvert de plus en plus mon ignorance[6]. Et néanmoins, j'étais en l'une des plus célèbres écoles de l'Europe, où je pensais qu'il devait y avoir de savants hommes, s'il y en avait en aucun endroit de la terre.

J'y avais appris tout ce que les autres y apprenaient ; et même, ne m'étant pas contenté des sciences qu'on nous enseignait, j'avais parcouru tous les livres, traitant de celles qu'on estime les plus curieuses[7] et les plus rares qui avaient pu tomber entre mes mains. Avec cela, je savais les jugements que les autres faisaient de moi ; et je ne voyais point qu'on m'estimât inférieur à mes condis-

1. Descartes fait du *Discours* un récit sur le mode de la fable.

2. Ce passage est commenté dans le **Dossier**, p. 118.

3. Une histoire qui n'est pas simplement une anecdote, mais dont il convient de tirer une morale.

4. Élevé dans les *humanités* (grammaire, histoire, poésie, rhétorique).

5. *Parce qu'on.*

6. Le savoir et la connaissance ne relèvent pas de l'érudition. **Voir Problématiques essentielles**, Le refus de l'argument d'autorité, p. 19.

7. Les sciences occultes, dont la magie et l'astrologie.

ciples, bien qu'il y en eût déjà entre eux quelques-uns, qu'on destinait à remplir les places de nos maîtres[1]. Et enfin notre siècle me semblait aussi fleurissant, et aussi fertile en bons esprits, qu'ait été aucun des précédents. Ce qui me faisait prendre la liberté de juger[2] par moi de tous les autres, et de penser qu'il n'y avait aucune doctrine dans le monde qui fût telle qu'on m'avait auparavant fait espérer.

Je ne laissais pas toutefois d'estimer les exercices, auxquels on s'occupe dans les écoles[3]. Je savais que les langues[4] qu'on y apprend, sont nécessaires pour l'intelligence des livres anciens ; que la gentillesse des fables réveille l'esprit, que les actions mémorables des histoires le révèlent[5], et qu'étant lues avec discrétion[6], elles aident à former le jugement ; que la lecture de tous les bons livres est comme une conversation avec les plus honnêtes gens des siècles passés, qui en ont été les auteurs, et même une conversation étudiée, en laquelle ils ne nous découvrent que les meilleures de leurs pensées ; que l'éloquence[7] a des forces et des beautés incomparables ; que la poésie a des délicatesses et des douceurs très ravissantes ; que les mathématiques ont des inventions très subtiles, et qui peuvent beaucoup servir, tant à contenter les curieux, qu'à faciliter tous les arts[8] et diminuer le travail des hommes ; que les écrits qui traitent des mœurs contiennent plusieurs enseignements et plusieurs exhortations à la vertu qui sont fort utiles ; que la théologie enseigne à gagner le ciel ; que la philosophie[9] donne moyen de parler vraisemblablement de toutes choses, et se faire admirer des moins savants ; que la jurisprudence, la médecine et les autres sciences apportent des honneurs et des richesses à ceux qui les cultivent ; et enfin, qu'il est bon de les avoir toutes examinées, même les plus superstitieuses et les plus fausses[10], afin de connaître leur juste valeur, et se garder d'en être trompé.

Mais je croyais avoir déjà donné assez de temps aux langues, et même aussi à la lecture des livres anciens, et à leurs histoires, et à leurs fables. Car c'est quasi le même de converser avec ceux des autres siècles, que de voyager. Il est bon de savoir quelque chose des mœurs de divers peuples, afin de juger des nôtres plus sainement, et que nous ne pensions pas que tout ce qui est contre nos modes soit ridicule, et contre raison, ainsi qu'ont cou-

1. *À remplacer nos maîtres.*

2. **Voir Glossaire**, liberté de juger, p. 138.

3. Tout ce passage est empreint d'ironie.

4. Le latin et le grec.

5. Les scolastiques enseignaient la morale en recourant à des fables ou à des histoires mettant en valeur un héros auquel les étudiants étaient censés s'identifier. **Voir Problématiques essentielles**, Le refus de l'argument d'autorité, p. 19.

6. *Avec discernement.*

7. L'art de persuader par le discours.

8. Les arts techniques, telle la mécanique.

9. Il s'agit ici de la philosophie scolastique, telle qu'on l'enseignait dans les collèges.

10. Allusion aux sciences occultes.

tume de faire ceux qui n'ont rien vu. Mais lorsqu'on emploie trop de temps à voyager, on devient enfin étranger en son pays ; et lorsqu'on est trop curieux des choses qui se pratiquaient aux siècles passés, on demeure ordinairement fort ignorant de celles qui se pratiquent en celui-ci.

Outre que les fables font imaginer plusieurs événements comme possibles qui ne le sont point ; et que même les histoires les plus fidèles, si elles ne changent ni n'augmentent la valeur des choses, pour les rendre plus dignes d'être lues, au moins en omettent-elles presque toujours les plus basses et moins illustres circonstances : d'où vient que le reste ne paraît pas tel qu'il est, et que ceux qui règlent leurs mœurs par les exemples qu'ils en tirent, sont sujets à tomber dans les extravagances des Paladins de nos romans[1], et à concevoir des desseins qui passent leurs forces.

J'estimais fort l'éloquence, et j'étais amoureux de la poésie ; mais je pensais que l'une et l'autre étaient des dons de l'esprit, plutôt que des fruits de l'étude. Ceux qui ont le raisonnement le plus fort, et qui digèrent le mieux leurs pensées[2], afin de les rendre claires et intelligibles, peuvent toujours le mieux persuader ce qu'ils proposent, encore qu'ils ne parlassent que bas breton, et qu'ils n'eussent jamais appris de rhétorique. Et ceux qui ont les inventions les plus agréables, et qui les savent exprimer avec le plus d'ornement et de douceur ne laisseraient pas d'être les meilleurs poètes, encore que l'art poétique leur fût inconnu.

Je me plaisais surtout aux mathématiques, à cause de la certitude et de l'évidence de leurs raisons[3] ; mais je ne remarquais point encore leur vrai usage, et, pensant qu'elles ne servaient qu'aux arts mécaniques, je m'étonnais de ce que, leurs fondements étant si fermes et si solides, on n'avait rien bâti dessus de plus relevé. Comme, au contraire, je comparais les écrits des anciens païens, qui traitent des mœurs, à des palais fort superbes et fort magnifiques, qui n'étaient bâtis que sur du sable et sur de la boue. Ils élèvent fort haut les vertus, et les font paraître estimables par-dessus toutes les choses qui sont au monde ; mais ils n'enseignent pas assez à les connaître, et souvent ce qu'ils appellent d'un si beau nom, n'est qu'une insensibilité, ou un orgueil, ou un désespoir, ou un parricide[4].

1. Les extravagances des héros des épopées chevaleresques (Roland ou Lancelot, par exemple).

2. *Qui ordonnent le mieux leurs pensées.*

3. Descartes élève les démonstrations mathématiques au rang de modèle du raisonnement. **Voir Problématiques essentielles**, Sans méthode point de connaissance certaine, p. 22.

4. Ce passage vise principalement les stoïciens, qui définissent la vertu comme l'absence de toute passion. **Voir Problématiques essentielles**, Une morale de la modération, p. 25.

Je révérais[1] notre théologie, et prétendais, autant qu'aucun autre, à gagner le ciel ; mais ayant appris, comme chose très assurée, que le chemin n'en est pas moins ouvert aux plus ignorants qu'aux plus doctes, et que les vérités révélées, qui y conduisent, sont au-dessus de notre intelligence, je n'eusse osé les soumettre à la faiblesse de mes raisonnements, et je pensais que, pour entreprendre de les examiner, et y réussir, il était bien d'avoir quelque extraordinaire assistance du ciel, et d'être plus qu'homme[2].

Je ne dirai rien de la philosophie, sinon que, voyant qu'elle a été cultivée par les plus excellents esprits qui aient vécu depuis plusieurs siècles, et que néanmoins il ne s'y trouve encore aucune chose dont on ne dispute, et par conséquent qui ne soit douteuse, je n'avais point assez de présomption pour espérer d'y rencontrer[3] mieux que les autres ; et que, considérant combien il peut y avoir de diverses opinions, touchant une même matière, qui soient soutenues par des gens doctes, sans qu'il y en puisse avoir jamais plus d'une seule qui soit vraie, je réputais presque pour faux tout ce qui n'était que vraisemblable[4].

Puis, pour les autres sciences, d'autant qu'elles empruntent leurs principes de la philosophie, je jugeais qu'on ne pouvait avoir rien bâti, qui fût solide, sur des fondements si peu fermes. Et ni l'honneur, ni le gain qu'elles promettent, n'étaient suffisants pour me convier à les apprendre ; car je ne me sentais point, grâce à Dieu, de condition qui m'obligeât à faire un métier de la science, pour le soulagement de ma fortune ; et quoique je ne fisse pas profession de mépriser la gloire en cynique[5], je faisais néanmoins fort peu d'état[6] de celle que je n'espérais point pouvoir acquérir qu'à faux titres. Et enfin, pour les mauvaises doctrines, je pensais déjà connaître assez ce qu'elles valaient, pour n'être plus sujet à être trompé, ni par les promesses d'un alchimiste ni par les prédictions d'un astrologue, ni par les impostures d'un magicien, ni par les artifices ou la vanterie d'aucun de ceux qui font profession de savoir plus qu'ils ne savent.

C'est pourquoi, sitôt que l'âge me permit de sortir de la sujétion de mes précepteurs, je quittai entièrement l'étude des lettres. Et me résolvant de ne chercher plus d'autres sciences que celle qui se pourrait

1. *J'honorais, je traitais avec un profond respect.*

2. Descartes distingue les vérités des sciences, auxquelles on peut accéder par le seul bon sens, et les vérités de la foi, qui dépassent notre compréhension. Voir la note 14, p. 39.

3. *D'y réussir.*

4. Descartes entend révoquer tout ce qui est incertain à ses yeux en vue d'établir la certitude. **Voir Concepts clés**, le doute, p. 93.

5. Dans la Grèce antique, les cyniques, dont le représentant le plus célèbre est Diogène dit « le Chien », affichaient un profond mépris pour toutes les conventions sociales.

6. *Peu de cas.*

trouver en moi-même, ou bien dans le grand livre du monde, j'employai le reste de ma jeunesse à voyager, à voir des cours et des armées, à fréquenter des gens de diverses humeurs[1] et conditions, à recueillir diverses expériences, à m'éprouver moi-même dans les rencontres que la fortune[2] me proposait, et partout à faire telle réflexion sur les choses qui se présentaient, que j'en pusse tirer quelque profit. Car il me semblait que je pourrais rencontrer beaucoup plus de vérité, dans les raisonnements que chacun fait touchant les affaires qui lui importent, et dont l'événement le doit punir bientôt après, s'il a mal jugé, que dans ceux que fait un homme de lettres dans son cabinet, touchant des spéculations qui ne produisent aucun effet, et qui ne lui sont d'autre conséquence, sinon que peut-être il en tirera d'autant plus de vanité qu'elles seront plus éloignées du sens commun, à cause qu'il aura dû employer d'autant plus d'esprit et d'artifice à tâcher de les rendre vraisemblables. Et j'avais toujours un extrême désir d'apprendre à distinguer le vrai d'avec le faux, pour voir clair en mes actions, et marcher avec assurance en cette vie.

Il est vrai que, pendant que[3] je ne faisais que considérer les mœurs des autres hommes, je n'y trouvais guère de quoi m'assurer, et que j'y remarquais quasi autant de diversité que j'avais fait auparavant entre les opinions des philosophes. En sorte que le plus grand profit que j'en retirais, était que, voyant plusieurs choses qui, bien qu'elles nous semblent fort extravagantes et ridicules, ne laissent pas d'être communément reçues et approuvées par d'autres grands peuples, j'apprenais à ne rien croire trop fermement de ce qui ne m'avait été persuadé que par l'exemple et par la coutume[4] ; et ainsi je me délivrais peu à peu de beaucoup d'erreurs, qui peuvent offusquer notre lumière naturelle, et nous rendre moins capables d'entendre raison. Mais après que j'eus employé quelques années à étudier ainsi dans le livre du monde et à tâcher d'acquérir quelque expérience, je pris un jour résolution d'étudier aussi en moi-même, et d'employer toutes les forces de mon esprit à choisir les chemins que je devais suivre. Ce qui me réussit beaucoup mieux, ce me semble, que si je ne me fusse jamais éloigné, ni de mon pays, ni de mes livres.

1. *De diverses tournures d'esprit.*

2. *Le hasard.*

3. *Aussi longtemps que.*

4. L'idée sera reprise par Descartes dans la première maxime de sa morale par provision. Voir troisième partie, p. 53.

DEUXIÈME PARTIE

J'étais alors en Allemagne, où l'occasion des guerres qui n'y sont pas encore finies m'avait appelé ; et comme je retournais du couronnement de l'Empereur[1] vers l'armée, le commencement de l'hiver m'arrêta en un quartier[2] où, ne trouvant aucune conversation qui me divertît, et n'ayant d'ailleurs, par bonheur, aucuns soins ni passions qui me troublassent, je demeurais tout le jour, enfermé seul dans un poêle[3], où j'avais tout loisir de m'entretenir de mes pensées. Entre lesquelles, l'une des premières fut que je m'avisai de considérer que souvent il n'y a pas tant de perfection dans les ouvrages composés de plusieurs pièces, et fait de la main de divers maîtres, qu'en ceux auxquels un seul a travaillé[4]. Ainsi voit-on que les bâtiments qu'un seul architecte a entrepris et achevés, ont coutume d'être plus beaux et mieux ordonnés, que ceux que plusieurs ont tâché de raccommoder, en faisant servir de vieilles murailles qui avaient été bâties à d'autres fins.

Ainsi ces anciennes cités, qui, n'ayant été au commencement que des bourgades, sont devenues, par succession de temps, de grandes villes, sont ordinairement si mal compassées[5], au prix de ces places régulières qu'un ingénieur trace à sa fantaisie dans une plaine, qu'encore que, considérant leurs édifices chacun à part, on y trouve souvent autant ou plus d'art qu'en ceux des autres ; toutefois, à voir comme ils sont arrangés, ici un grand, là un petit, et comme ils rendent les rues courbées et inégales, on dirait que c'est plutôt la fortune[6], que la volonté de quelques hommes usant de raison, qui les a ainsi disposés. Et si on considère qu'il y a eu néanmoins de tout temps quelques officiers[7] qui ont eu charge de prendre garde aux bâtiments des particuliers, pour les faire servir à l'ornement public, on connaîtra bien qu'il est malaisé, en ne travaillant que sur les ouvrages d'autrui, de faire des choses fort accomplies. Ainsi je m'imaginai que les peuples qui, ayant été autrefois demi-sauvages, et ne s'étant civilisés que peu à peu, n'ont fait leurs lois qu'à mesure que l'incommodité des crimes et des querelles les y a contraints, ne sauraient être si bien policés que ceux qui, dès le commencement qu'ils se sont assemblés, ont observé les constitutions de quelque prudent législateur.

1. Allusion au couronnement de l'empereur Ferdinand II, roi de Bohème (1617) et de Hongrie (1618). Les festivités du sacre durèrent du 20 juillet au 9 septembre 1619.

2. *Dans un endroit.*

3. *Dans une chambre chauffée par un poêle.*

4. Idée fondamentale dans la pensée cartésienne : celle de l'unité du corps des sciences à partir d'une méthode unique inspirée des mathématiques. **Voir Problématiques essentielles**, Le refus de l'argument d'autorité, p. 19.

5. *Si mal agencées, agencées de façon tellement irrégulière.*

6. *Le hasard.*

7. Fonctionnaires chargés de veiller à ce que les constructions privées ne défigurent pas le paysage urbain (on parlerait aujourd'hui d'« urbanistes »).

Comme il est bien certain que l'état de la vraie religion, dont Dieu seul a fait les ordonnances[1], doit être incomparablement mieux réglé que tous les autres.

Et pour parler des choses humaines, je crois que, si Sparte a été autrefois très florissante, ce n'a pas été à cause de la bonté de chacune de ses lois en particulier, vu que plusieurs étaient fort étranges, et même contraires aux bonnes mœurs[2], mais à cause que, n'ayant été inventées que par un seul[3], elles tendaient toutes à même fin. Et ainsi je pensai que les sciences des livres, au moins celles dont les raisons ne sont que probables[4] et qui n'ont aucunes démonstrations, s'étant composées et grossies peu à peu des opinions de plusieurs diverses personnes, ne sont point si approchantes de la vérité, que de simples raisonnements, que peut faire naturellement un homme de bon sens touchant les choses qui se présentent. Et ainsi encore je pensai que, pource que nous avons tous été enfants avant que d'être hommes, et qu'il nous a fallu longtemps être gouvernés par nos appétits et nos précepteurs, qui étaient souvent contraires les uns aux autres, et qui, ni les uns ni les autres, ne nous conseillaient peut-être pas toujours le meilleur, il est presque impossible que nos jugements soient si purs, ni si solides qu'ils auraient été, si nous avions eu l'usage entier de notre raison dès le point de notre naissance, et que nous n'eussions jamais été conduits que par elle[5].

Il est vrai que nous ne voyons point qu'on jette par terre toutes les maisons d'une ville, pour le seul dessein de les refaire d'autre façon, et d'en rendre les rues plus belles ; mais on voit bien que plusieurs font abattre les leurs pour les rebâtir, et que même quelquefois ils y sont contraints, quand elles sont en danger de tomber d'elles-mêmes, et que les fondements n'en sont pas bien fermes. À l'exemple de quoi je me persuadai, qu'il n'y aurait véritablement point d'apparence[6] qu'un particulier fît dessein de réformer un État, en y changeant tout dès les fondements, et en le renversant pour le redresser ; ni même aussi de réformer le corps des sciences, ou l'ordre établi dans les écoles pour les enseigner[7], mais que, pour toutes les opinions que j'avais reçues jusques alors en ma créance, je ne pouvais mieux faire que d'entreprendre, une bonne fois, de les en ôter, afin d'y en remettre par après, ou d'autres meilleures, ou bien les mêmes, lorsque je les aurais ajustées au niveau de la raison. Et je crus fer-

1. Les préceptes donnés par Dieu dans la Bible.

2. À Sparte, on jetait les enfants mal formés dans un ravin.

3. D'après Hérodote, Lycurgue, célèbre législateur du IXe siècle avant J.-C.

4. Alors que les scolastiques distinguent le faux du probable ou du vraisemblable, Descartes élimine le probable de la science, de même que tout autre intermédiaire entre le vrai et le faux. **Voir Concepts clés**, la connaissance, p. 96.

5. L'enfance est le berceau de nos préjugés et des erreurs qui en découlent. **Voir Problématiques essentielles**, Sans méthode, point de connaissance certaine, p. 22.

6. *Qu'il ne serait pas raisonnable.*

7. Prudent, Descartes précise que son dessein n'est pas d'attaquer de front les scolastiques. C'est aux pouvoirs publics de décider s'il faut étendre ou non sa réforme à toute la société.

mement que, par ce moyen, je réussirais à conduire ma vie beaucoup mieux que si je ne bâtissais que sur de vieux fondements, et que je ne m'appuyasse que sur les principes que je m'étais laissé persuader en ma jeunesse, sans avoir jamais examiné s'ils étaient vrais[1].

Car, bien que je remarquasse en ceci diverses difficultés[2], elles n'étaient point toutefois sans remède, ni comparables à celles qui se trouvent en la réformation des moindres choses qui touchent le public. Ces grands corps sont trop malaisés à relever, étant abattus, ou même à retenir, étant ébranlés, et leurs chutes ne peuvent être que très rudes. Puis, pour leurs imperfections, s'ils en ont, comme la seule diversité qui est entre eux suffit pour assurer que plusieurs en ont, l'usage les a sans doute fort adoucies ; et même il en a évité ou corrigé insensiblement quantité, auxquelles on ne pourrait si bien pourvoir par prudence. Et enfin, elles sont quasi toujours plus supportables que ne serait leur changement : en même façon que les grands chemins, qui tournoient entre des montagnes, deviennent peu à peu si unis et si commodes, à force d'être fréquentés, qu'il est beaucoup meilleur de les suivre, que d'entreprendre d'aller plus droit, en grimpant au-dessus des rochers et descendant jusques au bas des précipices.

C'est pourquoi je ne saurais aucunement approuver ces humeurs bouillonnes et inquiètes, qui, n'étant appelées, ni par leur naissance, ni par leur fortune, au maniement des affaires publiques, ne laissent pas d'y faire toujours, en idée, quelque nouvelle réformation.

Et si je pensais qu'il y eût la moindre chose en cet écrit, par laquelle on me pût soupçonner de cette folie, je serai très marri[3] de souffrir qu'il fût publié. Jamais mon dessein ne s'est étendu plus avant que de tâcher à reformer mes propres pensées, et de bâtir dans un fonds qui est tout à moi. Que si, mon ouvrage m'ayant assez plu, je vous en fais voir ici le modèle, ce n'est pas pour cela, que je veuille conseiller à personne de l'imiter. Ceux que Dieu a mieux partagés de ses grâces, auront peut-être des desseins plus relevés ; mais je crains bien que celui-ci ne soit déjà que trop hardi pour plusieurs. La seule résolution de se défaire de toutes les opinions qu'on a reçues auparavant en sa créance, n'est pas un exemple que chacun doive suivre[4] et le monde n'est quasi composé que de deux sortes d'esprits auxquels il ne convient aucunement.

1. Ce passage est commenté dans le **Dossier**, p. 121.

2. On pourrait en effet rester prisonnier d'un scepticisme absolu et sombrer dans l'irrésolution, dans l'indécision. **Voir Problématiques essentielles**, Une morale de la modération, p. 25. **Voir aussi Concepts clés**, le doute, p. 93.

3. *Très contrarié.*

4. Descartes précise que le doute ne peut être pratiqué par tout le monde. Voir la note 2 ci-dessus, ainsi que **Commentaire d'extraits**, Le projet de réforme de nos propres pensées, p. 121.

À savoir, de ceux qui, se croyant plus habiles qu'ils ne sont, ne se peuvent empêcher de précipiter leurs jugements[1], ni avoir assez de patience pour conduire par ordre toutes leurs pensées : d'où vient que, s'ils avaient une fois pris la liberté de douter des principes qu'ils ont reçus, et de s'écarter du chemin commun, jamais ils ne pourraient tenir le sentier qu'il faut prendre pour aller plus droit, et demeureraient égarés toute leur vie. Puis, de ceux qui, ayant assez de raison, ou de modestie, pour juger qu'ils sont moins capables de distinguer le vrai d'avec le faux, que quelques autres par lesquels ils peuvent être instruits, doivent bien plutôt se contenter de suivre les opinions de ces autres, qu'en chercher eux-mêmes de meilleures.

1. La précipitation est à l'origine de bien des erreurs. **Voir Problématiques essentielles**, Sans méthode, point de connaissance certaine, p. 22.

Et, pour moi, j'aurais été sans doute du nombre de ces derniers, si je n'avais jamais eu qu'un seul maître, ou que je n'eusse point su les différences qui ont été de tout temps entre les opinions des plus doctes. Mais ayant appris, dès le collège, qu'on ne saurait rien imaginer de si étrange et si peu croyable, qu'il n'ait été dit par quelqu'un des philosophes ; et depuis, en voyageant, ayant reconnu que tous ceux qui ont des sentiments fort contraires aux nôtres, ne sont pas pour cela barbares, ni sauvages, mais que plusieurs usent, autant ou plus que nous, de raison[2] ; et ayant considéré combien un même homme, avec son même esprit, tant nourri dès son enfance entre des Français ou des Allemands, devient différent de ce qu'il serait, s'il avait toujours vécu entre des Chinois ou des Cannibales ; et comment jusques aux modes de nos habits, la même chose qui nous a plu il y a dix ans, et qui nous plaira peut-être encore avant dix ans, nous semble maintenant extravagante et ridicule : en sorte que c'est bien plus la coutume et l'exemple qui nous persuadent, qu'aucune connaissance certaine, et que néanmoins la pluralité des voix n'est pas une preuve qui vaille rien pour les vérités un peu malaisées à découvrir, à cause qu'il est bien plus vraisemblable qu'un homme seul les ait rencontrées que tout un peuple : je ne pouvais choisir personne dont les opinions me semblassent devoir être préférées à celles des autres, et je me trouvai comme contraint d'entreprendre moi-même de me conduire.

2. Descartes s'inspire ici de Montaigne, notamment de son essai intitulé « Des cannibales » (*Essais*, I, chap. 31).

Mais, comme un homme qui marche seul et dans les ténèbres, je me résolus d'aller si lentement, et d'user de tant de circonspection en toutes choses, que, si je n'avançais que fort peu, je me garderais bien, au moins, de tomber. Même je ne voulus point commencer à rejeter tout à fait aucune des opinions, qui s'étaient pu glisser autrefois en ma créance sans y avoir été introduites par la raison, que je n'eusse auparavant employé assez de temps à faire le projet de l'ouvrage que j'entreprenais, et à chercher la vraie méthode pour parvenir à la connaissance de toutes les choses dont mon esprit serait capable.

J'avais un peu étudié, étant plus jeune, entre les parties de la philosophie, à la logique, et entre les mathématiques, à l'analyse des géomètres et à l'algèbre, trois arts ou sciences qui semblaient devoir contribuer quelque chose à mon dessein. Mais en les examinant, je pris garde que, pour la logique, ses syllogismes[1] et la plupart de ses autres instructions[2] servent plutôt à expliquer à autrui les choses qu'on sait, ou même, comme l'art de Lulle[3], à parler, sans jugement, de celles qu'on ignore, qu'à les apprendre. Et bien qu'elle contienne, en effet, beaucoup de préceptes très vrais et très bons, il y en a toutefois tant d'autres, mêlés parmi[4], qui sont ou nuisibles ou superflus, qu'il est presque aussi malaisé de les en séparer, que de tirer une Diane ou une Minerve hors d'un bloc de marbre qui n'est point encore ébauché.

Puis, pour l'analyse des anciens et l'algèbre des modernes, outre qu'elles ne s'étendent qu'à des matières fort abstraites, et qui ne semblent d'aucun usage, la première est toujours si astreinte à la considération des figures, qu'elle ne peut exercer l'entendement sans fatiguer beaucoup l'imagination, et on s'est tellement assujetti, en la dernière, à certaines règles et à certains chiffres, qu'on en a fait un art confus et obscur qui embarrasse l'esprit, au lieu d'une science qui le cultive. Ce qui fut cause que je pensai qu'il fallait chercher quelque autre méthode, qui, comprenant les avantages de ces trois, fût exempte de leurs défauts. Et comme la multitude des lois fournit souvent des excuses aux vices, en sorte qu'un État est bien mieux réglé, lorsque, n'en ayant que fort peu, elles y sont fort étroitement observées ; ainsi, au lieu de ce grand nombre de préceptes dont la logique est composée, je crus que j'aurais assez des quatre suivants[5], pourvu que je prisse une ferme et constante résolution de ne manquer pas une seule fois à les observer.

Le premier était de ne recevoir jamais aucune chose pour vraie, que je ne la connusse évidemment être

1. Raisonnement logique qui établit une conclusion nécessaire à partir de deux propositions données. Exemple : Tout homme est mortel, or Socrate est un homme, donc Socrate est mortel.

2. Comme l'art d'argumenter de la dialectique.

3. Raymond Lulle : moine franciscain (1235-1315) auteur du *Grand Art*, qui exerçait ses talents de dialecticien à convertir les infidèles en prouvant la vérité du christianisme.

4. *Mêlés à eux.*

5. Pour l'explication des quatre préceptes de la méthode de Descartes, **voir Problématiques essentielles**, Sans méthode point de connaissance certaine, p. 24.

telle[1] : c'est-à-dire d'éviter soigneusement la précipitation et la prévention ; et de ne comprendre rien de plus en mes jugements, que ce qui se présenterait si clairement et si distinctement à mon esprit, que je n'eusse aucune occasion de le mettre en doute.

Le second, de diviser chacune des difficultés que j'examinerais, en autant de parcelles qu'il se pourrait et qu'il serait requis pour les mieux résoudre.

Le troisième, de conduire par ordre mes pensées, en commençant par les objets les plus simples et les plus aisés à connaître, pour monter peu à peu, comme par degrés, jusque à la connaissance des plus composés ; et supposant même de l'ordre entre ceux qui ne se précédent point naturellement les uns les autres.

Et le dernier, de faire partout des dénombrements si entiers, et des revues si générales, que je fusse assuré de ne rien omettre.

Ces longues chaînes de raisons, toutes simples et faciles, dont les géomètres ont coutume de se servir, pour parvenir à leurs plus difficiles démonstrations, m'avaient donné occasion de m'imaginer que toutes les choses, qui peuvent tomber sous la connaissance des hommes, s'entresuivent en même façon, et que, pourvu seulement qu'on s'abstienne d'en recevoir aucune pour vraie qui ne le soit, et qu'on garde toujours l'ordre qu'il faut, pour les déduire les unes des autres, il n'y en peut avoir de si éloignées, auxquelles enfin on ne parvienne, ni de si cachées qu'on ne découvre[2].

Et je ne fus pas beaucoup en peine de chercher par lesquelles il était besoin de commencer : car je savais déjà que c'était par les plus simples et les plus aisées à connaître ; et considérant qu'entre tous ceux qui ont ci-devant recherché la vérité dans les sciences, il n'y a eu que les seuls mathématiciens qui ont pu trouver quelques démonstrations, c'est-à-dire quelques raisons certaines et évidentes, je ne doutais point que ce ne fût par les mêmes qu'ils ont examinées ; bien que je n'en espérasse aucune autre utilité, sinon qu'elles accoutumeraient mon esprit à se repaître de vérités, et ne se contenter point de fausses raisons. Mais je n'eus pas dessein, pour cela, de tâcher d'apprendre toutes ces sciences particulières, qu'on nomme communément mathématiques[3] ; et voyant qu'encore que leurs objets soient différents, elles ne laissent pas de s'accorder toutes, en ce qu'elles n'y considèrent autre

1. *Avant de l'avoir effectivement reconnue comme vraie.*

2. Pour Descartes, toute connaissance vraie est en principe mathématisable. **Voir Problématiques essentielles**, Sans méthode point de connaissance certaine, p. 22.

3. À l'époque de Descartes, on distinguait entre les mathématiques pures (arithmétique, géométrie) et les mathématiques mixtes (musique, astronomie).

chose que les divers rapports ou proportions qui s'y trouvent, je pensai qu'il valait mieux que j'examinasse seulement ces proportions en général, et sans les supposer que[1] dans les sujets qui serviraient à m'en rendre la connaissance plus aisée, même aussi sans les y astreindre aucunement, afin de les pouvoir d'autant mieux appliquer après à tous les autres auxquels elles conviendraient.

Puis, ayant pris garde que, pour les connaître, j'aurais quelquefois besoin de les considérer chacune en particulier, et quelquefois seulement de les retenir, ou de les comprendre plusieurs ensemble, je pensai que, pour les considérer mieux en particulier, je les devais supposer en des lignes, à cause que je ne trouvais rien de plus simple, ni que je pusse plus distinctement représenter à mon imagination et à mes sens[2] ; mais que, pour les retenir, ou les comprendre plusieurs ensemble, il fallait que je les expliquasse par quelques chiffres, les plus courts qu'il serait possible[3], et que par ce moyen, j'emprunterais tout le meilleur de l'analyse géométrique et de l'algèbre, et corrigerais tous les défauts de l'une par l'autre.

Comme, en effet, j'ose dire que l'exacte observation de ce peu de préceptes que j'avais choisis, me donna telle facilité à démêler toutes les questions auxquelles ces deux sciences s'étendent, qu'en deux ou trois mois que j'employai à les examiner, ayant commencé par les plus simples et plus générales, et chaque vérité que je trouvais étant une règle qui me servait après à en trouver d'autres, non seulement je vins à bout de plusieurs que j'avais jugées autrefois très difficiles, mais il me sembla aussi, vers la fin, que je pouvais déterminer, en celles même que j'ignorais, par quels moyens, et jusques où, il était possible de les résoudre.

En quoi je ne vous paraîtrai peut-être pas être fort vain, si vous considérez que, n'y ayant qu'une vérité de chaque chose, quiconque la trouve en sait autant qu'on en peut savoir, et que par exemple, un enfant instruit en arithmétique, ayant fait une addition suivant ses règles, se peut assurer d'avoir trouvé, touchant la somme qu'il examinait, tout ce que l'esprit humain saurait trouver. Car enfin la méthode qui enseigne à suivre le vrai ordre, et à dénombrer exactement toutes les circonstances de ce qu'on cherche[4], contient tout ce qui donne de la certitude aux règles d'arithmétique.

1. *Et en ne les supposant que.*

2. Bien qu'indépendantes des considérations sensibles, les mathématiques peuvent s'appuyer sur les sens et sur l'imagination (les lignes seront utilisées comme symboles de grandeur, plutôt que des nombres infiniment grands ou petits).

3. Des symboles algébriques, par exemple.

4. *Toutes les données du problème.*

Mais ce qui me contentait le plus de cette méthode, était que, par elle, j'étais assuré d'user en tout de ma raison, sinon parfaitement, au moins le mieux qui fût en mon pouvoir[1] ; outre que je sentais, en la pratiquant, que mon esprit s'accoutumait peu à peu à concevoir plus nettement et plus distinctement ses objets, et que, ne l'ayant point assujettie à aucune matière particulière, je me promettais de l'appliquer aussi utilement aux difficultés des autres sciences[2] que j'avais fait à celles de l'algèbre. Non que, pour cela, j'osasse entreprendre d'abord d'examiner toutes celles qui se présenteraient ; car cela même eût été contraire à l'ordre qu'elle prescrit.

Mais, ayant pris garde que leurs principes devaient tous être empruntés de la philosophie, en laquelle je n'en trouvais point encore de certains, je pensai qu'il fallait, avant tout, que je tâchasse d'y en établir ; et que, cela étant la chose du monde la plus importante, et où la précipitation et la prévention étaient le plus à craindre, je ne devais point entreprendre d'en venir à bout, que je n'eusse atteint[3] un âge bien plus mûr que celui de vingt trois ans, que j'avais alors ; et que je n'eusse, auparavant, employé beaucoup de temps à m'y préparer, tant en déracinant de mon esprit toutes les mauvaises opinions que j'y avais reçues avant ce temps-là, qu'en faisant amas de plusieurs expériences, pour être après la matière de mes raisonnements, et en m'exerçant toujours en la méthode que je m'étais prescrite, afin de m'y affermir de plus en plus.

1. La connaissance est intimement reliée à une certaine hygiène intellectuelle, qui consiste à ne pas vouloir plus qu'on ne peut. **Voir Concepts clés**, la connaissance, p. 96.

2. Notamment aux difficultés de la physique. **Voir Grandes thèses**, Le monde-machine, p. 108. **Voir aussi Concepts clés**, les lois de la nature, p. 98.

3. *Avant d'avoir atteint.*

TROISIÈME PARTIE

Et enfin, comme ce n'est pas assez, avant de commencer à rebâtir le logis où on demeure, que de l'abattre, ou s'exercer soi-même à l'architecture, et outre cela d'en avoir soigneusement tracé le dessin ; mais qu'il faut aussi s'être pourvu de quelque autre, où on puisse être logé commodément pendant le temps qu'on y travaillera ; ainsi, afin que je ne demeurasse point irrésolu en mes actions, pendant que la raison m'obligerait de l'être en mes jugements, et que je ne laissasse pas de vivre dès lors le plus heureusement que je pourrais, je me formai une morale par provision[4], qui ne consistait qu'en trois ou quatre maximes, dont je veux bien vous faire part.

4. Cette morale provisoire et pratique doit nous permettre de vivre le mieux possible en attendant de trouver la certitude. **Voir Problématiques essentielles**, Une morale de la modération, p. 25.

La première était d'obéir aux lois et aux coutumes de mon pays, retenant constamment[1] la religion en laquelle Dieu m'a fait la grâce d'être instruit dès mon enfance, et me gouvernant, en toute autre chose, suivant les opinions les plus modérées, et les plus éloignées de l'excès, qui fussent communément reçues en pratique par les mieux sensés de ceux avec lesquels j'aurais à vivre. Car, commençant dès lors à ne compter pour rien les miennes propres, à cause que je les voulais remettre toutes à l'examen, j'étais assuré de ne pouvoir mieux que de suivre celles des mieux sensés.

Et encore qu'il y en ait peut-être d'aussi bien sensés, parmi les Perses ou les Chinois, que parmi nous, il me semblait que le plus utile était de me régler selon ceux avec lesquels j'aurais à vivre ; et que, pour savoir quelles étaient véritablement leurs opinions, je devais plutôt prendre garde à ce qu'ils pratiquaient qu'à ce qu'ils disaient ; non seulement à cause qu'en la corruption de nos mœurs il y a peu de gens qui veuillent dire tout ce qu'ils croient, mais aussi à cause que plusieurs l'ignorent eux-mêmes ; car l'action de la pensée par laquelle on croit une chose, étant différente de celle par laquelle on connaît qu'on la croit[2], elles sont souvent l'une sans l'autre. Et entre plusieurs opinions également reçues, je ne choisissais que les plus modérées : tant à cause que ce sont toujours les plus commodes pour la pratique, et vraisemblablement les meilleures, tous excès ayant coutume d'être mauvais ; comme aussi afin de me détourner moins du vrai chemin, en cas que je faillisse, que si, ayant choisi l'un des extrêmes, ç'eût été l'autre qu'il eût fallu suivre. Et, particulièrement, je mettais entre les excès toutes les promesses par lesquelles on retranche quelque chose de sa liberté[3].

Non que je désapprouvasse les lois qui, pour remédier à l'inconstance des esprits faibles, permettent, lorsqu'on a quelque bon dessein, ou même, pour la sûreté du commerce, quelque dessein qui n'est qu'indifférent, qu'on fasse des vœux[4] ou des contrats qui obligent à y persévérer ; mais à cause que je ne voyais au monde aucune chose qui demeurât toujours en même état, et que, pour mon particulier, je me promettais de perfectionner de plus en plus mes jugements, et non point de les rendre pires, j'eusse pensé commettre une grande faute contre le bon sens[5], si, pour ce que j'approuvais alors quelque

1. *Avec persévérance et fermeté.*

2. La croyance dépend en effet de la volonté, tandis que la connaissance dépend de l'entendement. **Voir Concepts clés**, la connaissance, p. 96.

3. La possibilité de changer de décision est préférable à une opinion ou à un comportement qui verse dans l'excès. **Voir Glossaire**, liberté de juger, p. 138.

4. *Qu'on signe des engagements.*

5. Cette faute consisterait à transformer en options définitives des opinions admises de manière provisoire (pendant la période du doute).

chose, je me fusse obligé de la prendre pour bonne encore après, lorsqu'elle aurait peut-être cessé de l'être, ou que j'aurais cessé de l'estimer telle.

Ma seconde maxime était d'être le plus ferme et le plus résolu en mes actions que je pourrais, et de ne suivre pas moins constamment les opinions les plus douteuses, lorsque je m'y serais une fois déterminé, que si elles eussent été très assurées.

Imitant en ceci les voyageurs qui, se trouvant égarés en quelque forêt, ne doivent pas errer en tournoyant, tantôt d'un côté, tantôt d'un autre, ni encore moins s'arrêter en une place, mais marcher toujours le plus droit qu'ils peuvent vers un même côté, et ne le changer point pour de faibles raisons, encore que ce n'ait peut-être été au commencement que le hasard seul qui les ait déterminés à le choisir : car, par ce moyen, s'ils ne vont justement où ils désirent, ils arriveront au moins à la fin quelque part où vraisemblablement ils seront mieux que dans le milieu d'une forêt. Et ainsi, les actions de la vie ne souffrent souvent aucun délai, c'est une vérité très certaine que, lorsqu'il n'est pas en notre pouvoir de discerner les plus vraies opinions, nous devons suivre les plus probables ; et même, qu'encore que nous ne remarquions point davantage de probabilité aux unes qu'aux autres, nous devons néanmoins nous déterminer à quelques-unes, et les considérer après, non plus comme douteuses, en tant qu'elles se rapportent à la pratique, mais comme très vraies et très certaines[1], à cause que la raison qui nous y a fait déterminer, se trouve telle. Et ceci fut capable dès lors de me délivrer de tous les repentirs et les remords, qui ont coutume d'agiter les consciences de ces esprits faibles et chancelants[2], qui se laissent aller inconstamment à pratiquer, comme bonnes, les choses qu'ils jugent après être mauvaises.

Ma troisième maxime était de tâcher toujours plutôt à me vaincre que la fortune[3], et à changer mes désirs que l'ordre du monde et généralement, de m'accoutumer à croire qu'il n'y a rien qui soit entièrement en notre pouvoir que nos pensées, en sorte qu'après que nous avons fait notre mieux, touchant les choses qui nous sont extérieures, tout ce qui manque de nous réussir est, au regard de nous, absolument impossible. Et ceci seul me semblait être suffisant pour m'empêcher de rien désirer à l'avenir que je n'acquisse, et ainsi pour me rendre

1. Même provisoire, la morale a sa « vérité » ; car, dit Descartes, « les actions de la vie ne souffrent souvent aucun délai ». **Voir Problématiques essentielles**, Une morale de la modération, p. 25.

2. *Des esprits irrésolus.*

3. *Qu'à vaincre la fortune (le sort).*

content[1]. Car notre volonté ne se portant naturellement[2] à désirer que les choses que notre entendement lui représente en quelque façon comme possibles, il est certain que, si nous considérons tous les biens qui sont hors de nous comme également éloignés de notre pouvoir[3], nous n'aurons pas plus de regret de manquer de ceux qui semblent être dus à notre naissance, lorsque nous en serons privés sans notre faute, que nous avons de ne posséder pas les royaumes de la Chine ou de Mexique ; et que faisant, comme on dit, de nécessité vertu, nous ne désirerons pas davantage d'être sains, étant malades, ou d'être libres, étant en prison, que nous faisons maintenant d'avoir des corps d'une matière aussi peu corruptible que les diamants, ou des ailes pour voler comme les oiseaux. Mais j'avoue qu'il est besoin d'un long exercice, et d'une méditation souvent réitérée, pour s'accoutumer à regarder de ce biais toutes les choses ; et je crois que c'est principalement en ceci que consistait le secret de ces philosophes, qui ont pu autrefois se soustraire de l'empire de la fortune et, malgré les douleurs de la pauvreté, disputer de la félicité avec leurs dieux.

1. *Heureux.* **Voir Glossaire**, bonheur, p. 135.
2. Par nature, la volonté ne se détermine que vers ce que l'entendement lui présente comme étant un bien. **Voir Concepts clés**, la connaissance, p. 96.
3. Allusion au stoïcisme d'Épictète.

Car, s'occupant sans cesse à considérer les bornes qui leur étaient prescrites par la nature, ils se persuadaient si parfaitement que rien n'était en leur pouvoir que leurs pensées, que cela seul était suffisant pour les empêcher d'avoir aucune affection pour d'autres choses ; et ils disposaient d'elles si absolument, qu'ils avaient en cela quelque raison de s'estimer plus riches, et plus puissants, et plus libres, et plus heureux, qu'aucun des autres hommes qui, n'ayant point cette philosophie, tant favorisés de la nature et de la fortune qu'ils puissent être, ne disposent jamais ainsi de tout ce qu'ils veulent[4].

4. **Voir Glossaire**, bonheur, p. 135.

Enfin, pour conclusion de cette morale, je m'avisai de faire une revue sur les diverses occupations qu'ont les hommes en cette vie, pour tâcher à faire choix de la meilleure ; et sans que je veuille rien dire de celles des autres, je pensai que je ne pouvais mieux que de continuer en celle-là même où je me trouvais, c'est-à-dire que d'employer toute ma vie à cultiver ma raison[5], et m'avancer, autant que je pourrais, en la connaissance de la vérité, suivant la méthode que je m'étais prescrite.

5. **Voir Glossaire**, p. 141.

J'avais éprouvé de si extrêmes contentements, depuis que j'avais commencé à me servir de cette méthode, que je ne croyais pas qu'on en pût recevoir de plus doux, ni de plus innocents, en cette vie ; et découvrant tous les jours par son moyen quelques vérités, qui me semblaient assez importantes, et communément ignorées des autres hommes, la satisfaction que j'en avais remplissait tellement mon esprit que tout le reste ne me touchait point. Outre que les trois maximes précédentes n'étaient fondées que sur le dessein que j'avais de continuer à m'instruire : car Dieu[1] nous ayant donné à chacun quelque lumière pour discerner le vrai d'avec le faux[2], je n'eusse pas cru me devoir contenter des opinions d'autrui un seul moment, si je ne me fusse proposé d'employer mon propre jugement à les examiner, lorsqu'il serait temps ; et je n'eusse su m'exempter de scrupule, en les suivant, si je n'eusse espéré de ne perdre pour cela aucune occasion d'en trouver de meilleures, en cas qu'il y en eût. Et enfin je n'eusse su borner mes désirs, ni être content, si je n'eusse suivi un chemin par lequel, pensant être assuré de l'acquisition de toutes les connaissances dont je serais capable, je le pensais être, par même moyen, de celle de tous les vrais biens[3] qui seraient jamais en mon pouvoir ; d'autant que, notre volonté ne se portant à suivre ni à fuir aucune chose, que selon que notre entendement la lui représente bonne ou mauvaise, il suffit de bien juger, pour bien faire, et de juger le mieux qu'on puisse, pour faire aussi tout son mieux, c'est-à-dire pour acquérir toutes les vertus, et ensemble tous les autres biens, qu'on puisse acquérir ; et lorsqu'on est certain que cela est, on ne saurait manquer d'être content.

Après m'être ainsi assuré de ces maximes, et les avoir mises à part, avec les vérités de la foi, qui ont toujours été les premières en ma créance, je jugeai que, pour tout le reste de mes opinions, je pouvais librement entreprendre de m'en défaire. Et d'autant que j'espérais en pouvoir mieux venir à bout, en conversant avec les hommes, qu'en demeurant plus longtemps renfermé dans le poêle[4] où j'avais eu toutes ces pensées, l'hiver n'était pas encore bien achevé que je me remis à voyager. Et en toutes les neuf années suivantes, je ne fis autre chose que rouler çà et là dans le monde, tâchant d'y être spectateur plutôt qu'acteur en toutes les comédies qui s'y jouent ; et faisant particulièrement réflexion, en chaque matière, sur ce qui la pouvait rendre suspecte, et nous donner occasion de nous méprendre, je déracinais cependant de mon esprit toutes les erreurs qui s'y étaient pu glisser auparavant.

1. **Voir Glossaire**, Dieu, p. 136.

2. Allusion au bon sens, qui est un don que Dieu a fait aux hommes. **Voir Concepts clés**, le bon sens, p. 92.

3. Il nous faut distinguer les vrais biens des biens apparents. **Voir Concepts clés**, la connaissance, p. 96.

4. Voir la note 3, p. 45.

Non que j'imitasse pour cela les sceptiques, qui ne doutent que pour douter, et affectent d'être toujours irrésolus[1] : car, au contraire, tout mon dessein ne tendait qu'à m'assurer, et à rejeter la terre mouvante et le sable, pour trouver le roc ou l'argile. Ce qui me réussissait, ce me semble, assez bien, d'autant que, tâchant à découvrir la fausseté ou l'incertitude des propositions que j'examinais, non par de faibles conjectures, mais par des raisonnements clairs et assurés[2], je n'en rencontrais point de si douteuses, que je n'en tirasse toujours quelque conclusion assez certaine, quand ce n'eût été que cela même qu'elle ne contenait rien de certain. Et comme en abattant un vieux logis, on en réserve ordinairement les démolitions, pour servir à en bâtir un nouveau ; ainsi, en détruisant toutes celles de mes opinions que je jugeais être mal fondées, je faisais diverses observations, et acquérais plusieurs expériences qui m'ont servi depuis à en établir de plus certaines. Et, de plus, je continuais à m'exercer en la méthode que je m'étais prescrite ; car, outre que j'avais soin de conduire généralement toutes mes pensées selon ses règles, je me réservais de temps en temps quelques heures, que j'employais particulièrement à la pratiquer en des difficultés de mathématique, ou même aussi en quelques autres que je pouvais rendre quasi semblables à celles des mathématiques, en les détachant de tous les principes des autres sciences, que je ne trouvais pas assez fermes, comme vous verrez que j'ai fait en plusieurs qui sont expliquées en ce volume[3].

Et ainsi, sans vivre d'autre façon, en apparence, que ceux qui, n'ayant aucun emploi qu'à passer une vie douce et innocente, s'étudient à séparer les plaisirs des vices, et qui, pour jouir de leur loisir sans s'ennuyer, usent de tous les divertissements qui sont honnêtes, je ne laissais pas de poursuivre en mon dessein, et de profiter en la connaissance de la vérité, peut-être plus que si je n'eusse fait que lire des livres ou fréquenter des gens de lettres[4].

Toutefois, ces neuf ans s'écoulèrent avant que j'eusse encore pris aucun parti, touchant les difficultés qui ont coutume d'être disputées entre les doctes, ni commencé à chercher les fondements d'aucune philosophie plus certaine que la vulgaire[5]. Et l'exemple de plusieurs excellents esprits, qui, en ayant eu ci-devant le dessein, me semblaient n'y avoir pas réussi, m'y faisait imaginer tant de difficulté, que je n'eusse peut-être pas encore sitôt osé

1. Descartes accuse les sceptiques d'être de mauvaise foi, car ils font du doute une fin en soi, et non un moyen. **Voir Concepts clés**, le doute, p. 93. **Voir aussi Sujets de dissertation**, Peut-on douter de tout ?, p. 113.

2. Le doute cartésien est l'instrument de la vérité. **Voir Concepts clés**, le doute, p. 93.

3. Le *Discours* sert d'introduction à trois traités scientifiques : *la Dioptrique, les Météores* et *la Géométrie*.

4. **Voir Problématiques essentielles**, Le refus de l'argument d'autorité, p. 19.

5. *La plus répandue.* Désigne la philosophie scolastique.

l'entreprendre, si je n'eusse vu que quelques-uns faisaient déjà courir le bruit que j'en étais venu à bout.

Je ne saurais pas dire sur quoi ils fondaient cette opinion ; et si j'y ai contribué quelque chose par mes discours, ce doit avoir été en confessant plus ingénument ce que j'ignorais, que n'ont coutume de faire ceux qui ont un peu étudié, et peut-être aussi en faisant voir les raisons que j'avais de douter de beaucoup de choses que les autres estiment certaines, plutôt qu'en me vantant d'aucune doctrine. Mais, ayant le cœur assez bon pour ne vouloir point qu'on me prît pour autre que je n'étais, je pensai qu'il fallait que je tâchasse, par tous moyens, à me rendre digne de la réputation qu'on me donnait ; et il y a justement huit ans, que ce désir me fit résoudre à m'éloigner de tous les lieux où je pouvais avoir des connaissances et à me retirer ici[1] en un pays où la longue durée de la guerre[2], a fait établir de tels ordres, que les armées qu'on y entretient ne semblent servir qu'à faire qu'on y jouisse des fruits de la paix avec d'autant plus de sûreté, et où parmi la foule d'un grand peuple fort actif, et plus soigneux de ses propres affaires, que curieux de celles d'autrui, sans manquer d'aucune des commodités qui sont dans les villes les plus fréquentées, j'ai pu vivre aussi solitaire et retiré que dans les déserts les plus écartés.

1. En Hollande.

2. La guerre de libération des Provinces-Unies (les Pays-Bas) contre l'Espagne.

QUATRIÈME PARTIE

Je ne sais si je dois vous entretenir des premières méditations que j'ai faites ; car elles sont si métaphysiques et si peu communes, qu'elles ne seront peut-être pas au goût de tout le monde. Et toutefois, afin qu'on puisse juger si les fondements que j'ai pris sont assez fermes, je me trouve en quelque façon contraint d'en parler. J'avais dès longtemps remarqué que, pour les mœurs, il est besoin quelquefois de suivre des opinions qu'on sait être fort incertaines, tout de même que si elles étaient indubitables, ainsi qu'il a été dit ci-dessus[3], mais, pource qu'alors je désirais vaquer seulement à la recherche de la vérité, je pensai qu'il fallait que je fisse tout le contraire, et que je rejetasse, comme absolument faux, tout ce en quoi je pourrais imaginer le moindre doute, afin de voir s'il ne resterait point, après cela, quelque chose en ma créance,

3. Voir la deuxième maxime de la morale provisoire, énoncée dans la troisième partie du *Discours*, p. 54.

qui fût entièrement indubitable[1]. Ainsi, à cause que nos sens nous trompent quelquefois, je voulus supposer qu'il n'y avait aucune chose qui fût telle qu'ils nous la font imaginer. Et pource qu'il y a des hommes qui se méprennent en raisonnant, même touchant les plus simples matières de géométrie, et y font des paralogismes[2], jugeant que j'étais sujet à faillir, autant qu'aucun autre, je rejetai comme fausses toutes les raisons que j'avais prises auparavant pour démonstrations. Et enfin, considérant que toutes les mêmes pensées, que nous avons étant éveillés, nous peuvent aussi venir quand nous dormons, sans qu'il y en ait aucune, pour lors, qui soit vraie, je me résolus de feindre que toutes les choses qui m'étaient jamais entrées en l'esprit n'étaient non plus vraies[3] que les illusions de mes songes.

Mais, aussitôt après, je pris garde que, pendant que je voulais ainsi penser que tout était faux, il fallait nécessairement que moi, qui le pensais, fusse quelque chose. Et remarquant que cette vérité : *je pense, donc je suis*, était si ferme et si assurée, que toutes les plus extravagantes suppositions des sceptiques n'étaient pas capables de l'ébranler, je jugeai que je pouvais la recevoir, sans scrupule, pour le premier principe de la philosophie que je cherchais[4].

Puis, examinant avec attention ce que j'étais, et voyant que je pouvais feindre que je n'avais aucun corps, et qu'il n'y avait aucun monde, ni aucun lieu où je fusse ; mais que je ne pouvais pas feindre, pour cela, que je n'étais point ; et qu'au contraire, de cela même que je pensais à douter de la vérité des autres choses, il suivait très évidemment et très certainement que j'étais ; au lieu que, si j'eusse seulement cessé de penser, encore que tout le reste de ce que j'avais jamais imaginé eût été vrai, je n'avais aucune raison de croire que j'eusse été : je connus de là que j'étais une substance[5] dont toute l'essence ou la nature n'est que de penser, et qui, pour être, n'a besoin d'aucun lieu, ni ne dépend d'aucune chose matérielle. En sorte que ce moi, c'est-à-dire l'âme par laquelle je suis ce que je suis, est entièrement distincte du corps, et même qu'elle est plus aisée à connaître que lui, et qu'encore qu'il ne fût point, elle ne laisserait pas d'être tout ce qu'elle est[6].

Après cela, je considérai en général ce qui est requis à une proposition pour être vraie et certaine ; car,

1. La vérité est donc ce qui résiste au doute. **Voir Sujets de dissertation**, Peut-on douter de tout ?, p. 113.

2. **Voir Glossaire**, paralogisme, p. 139.

3. *N'étaient pas plus vraies.*

4. Dès lors que je doute, je ne peux pas douter de moi-même qui suis en train de douter. **Voir Grandes thèses**, « Je pense, donc je suis », p. 100.

5. Le support de toutes mes pensées, qui n'a besoin que de soi-même pour exister.

6. **Voir Grandes thèses**, L'âme est distincte du corps, p. 106.

puisque je venais d'en trouver une que je savais être telle, je pensai que je devais aussi savoir en quoi consiste cette certitude. Et ayant remarqué qu'il n'y a rien du tout en ceci : *je pense, donc je suis,* qui m'assure que je dis la vérité, sinon que je vois très clairement que, pour penser, il faut être, je jugeai que je pouvais prendre pour règle générale que les choses que nous concevons fort clairement et fort distinctement sont toutes vraies[1] ; mais qu'il y a seulement quelque difficulté à bien remarquer quelles sont celles que nous concevons distinctement.

En suite de quoi, faisant réflexion sur ce que je doutais, et que, par conséquent, mon être n'était pas tout parfait, car je voyais clairement que c'était une plus grande perfection de connaître que de douter, je m'avisai de chercher d'où j'avais appris à penser à quelque chose de plus parfait que je n'étais[2] ; et je connus évidemment que ce devait être de quelque nature qui fût en effet plus parfaite. Pour ce qui est des pensées que j'avais de plusieurs autres choses hors de moi, comme du ciel, de la terre, de la lumière, de la chaleur, et de mille autres, je n'étais point tant en peine de savoir d'où elles venaient, à cause que, ne remarquant rien en elles qui me semblât les rendre supérieures à moi, je pouvais croire que, si elles étaient vraies, c'étaient des dépendances de ma nature, en tant qu'elle avait quelque perfection ; et si elles ne l'étaient pas, que je les tenais du néant, c'est-à-dire qu'elles étaient en moi, pource que j'avais du défaut[3].

Mais ce ne pouvait être le même[4] de l'idée d'un être plus parfait que le mien : car, de la tenir du néant, c'était chose manifestement impossible ; et pource qu'il n'y a pas moins de répugnance[5] que le plus parfait soit une suite et une dépendance du moins parfait, qu'il y en a que de rien procède quelque chose, je ne la pouvais tenir non plus de moi-même. De façon qu'il restait qu'elle eût été mise en moi par une nature qui fût véritablement plus parfaite que je n'étais, et même qui eût en soi toutes les perfections dont je pouvais avoir quelque idée, c'est-à-dire, pour m'expliquer en un mot, qui fût Dieu[6]. À quoi j'ajoutai que, puisque je connaissais quelques perfections que je n'avais point, je n'étais pas le seul être qui existât (j'userai, s'il vous plaît, ici librement des mots de l'École[7]), mais qu'il fallait, de nécessité, qu'il y en eût quelque autre plus parfait, duquel je dépendisse, et duquel j'eusse acquis tout ce que j'avais. Car, si j'eusse été

1. Clarté et distinction sont les critères de l'idée vraie. **Voir Concepts clés**, la vérité, p. 95.

2. Première preuve de l'existence de Dieu : moi, être imparfait, je ne saurais avoir inventé l'idée de « perfection ». **Voir Grandes thèses**, Les preuves de l'existence de Dieu, p. 102.

3. Le ciel, la terre, la lumière, etc., ne sont pas supérieurs à moi (seul Dieu l'est). En effet, s'ils existent, je peux très bien les connaître en étudiant la physique ou l'astronomie, et s'ils n'existent pas, c'est qu'ils partagent l'imperfection de ma nature.

4. *Mais il ne pouvait en aller de même.*

5. *Il n'y a pas moins de contradiction.*

6. Comme saint Thomas d'Aquin, Descartes prouve l'existence de Dieu à partir de ses effets. **Voir Grandes thèses**, Les preuves de l'existence de Dieu, p. 102.

7. *Des termes de la scolastique.*

seul et indépendant de tout autre, en sorte que j'eusse eu, de moi-même, tout ce peu que je participais de l'être parfait[1], j'eusse pu avoir de moi[2], par même raison, tout le surplus que je connaissais me manquer, et ainsi être moi-même infini, éternel, immuable, tout connaissant, tout puissant, et enfin avoir toutes les perfections que je pouvais remarquer être en Dieu[3].

Car, suivant les raisonnements que je viens de faire, pour connaître la nature de Dieu, autant que la mienne en était capable, je n'avais qu'à considérer de toutes les choses dont je trouvais en moi quelque idée, si c'était perfection, ou non, de les posséder, et j'étais assuré qu'aucune de celles qui marquaient quelque imperfection n'était en lui, mais que toutes les autres y étaient. Comme je voyais que le doute, l'inconstance, la tristesse, et choses semblables, n'y pouvaient être, vu que j'eusse été moi-même bien aise d'en être exempt. Puis, outre cela, j'avais des idées de plusieurs choses sensibles et corporelles : car, quoique je supposasse que je rêvais, et que tout ce que je voyais ou imaginais était faux, je ne pouvais nier toutefois que les idées n'en fussent véritablement en ma pensée ; mais pource que j'avais déjà connu en moi très clairement que la nature intelligente est distincte de la corporelle, considérant que toute composition témoigne de la dépendance, et que la dépendance est manifestement un défaut, je jugeais de là que ce ne pouvait être une perfection en Dieu d'être composé de ces deux natures, et que, par conséquent, il ne l'était pas, mais que, s'il y avait quelques corps dans le monde, ou bien quelques intelligences, ou autres natures, qui ne fussent point toutes parfaites, leur être devait dépendre de sa puissance, en telle sorte qu'elles ne pouvaient subsister sans lui un seul moment[4].

Je voulus chercher, après cela, d'autres vérités, et m'étant proposé l'objet des géomètres, que je concevais comme un corps continu, ou un espace[5] indéfiniment étendu en longueur, largeur et hauteur ou profondeur, divisible en diverses parties, qui pouvaient avoir diverses figures et grandeurs, et être mues ou transposées en toutes sortes, car les géomètres supposent tout cela en leur objet, je parcourus quelques-unes de leurs plus simples démonstrations. Et ayant pris garde que cette grande certitude, que tout le monde leur attribue, n'est fondée que sur ce qu'on les conçoit évidemment, suivant

1. *Tout ce peu que je tenais de l'être parfait.*

2. *J'aurais pu me donner moi-même.*

3. Si Dieu n'était qu'une invention de mon esprit, je n'aurais manqué de m'attribuer sa souveraine perfection. **Voir Grandes thèses**, Les preuves de l'existence de Dieu, p. 102.

4. Théorie de la création continuée : toute chose, même imparfaite, dépend de Dieu à tout moment. **Voir Concepts clés**, les lois de la nature, p. 98.

5. **Voir Glossaire**, espace, p. 137.

la règle que j'ai tantôt dite[1], je pris garde aussi qu'il n'y avait rien du tout en elles qui m'assurât de l'existence de leur objet. Car, par exemple, je voyais bien que, supposant un triangle, il fallait que ses trois angles fussent égaux à deux droits ; mais je ne voyais rien pour cela qui m'assurât qu'il y eût au monde aucun triangle[2]. Au lieu que, revenant à examiner l'idée que j'avais d'un Être parfait, je trouvais que l'existence y était comprise, en même façon qu'il est compris en celles d'un triangle que ses trois angles sont égaux à deux droits, ou en celle d'une sphère que toutes ses parties sont également distantes de son centre, ou même encore plus évidemment ; et que, par conséquent, il est pour le moins aussi certain que Dieu, qui est cet Être parfait, est ou existe, qu'aucune démonstration de géométrie le saurait être[3].

Mais ce qui fait qu'il y en a plusieurs qui se persuadent qu'il y a de la difficulté à le connaître, et même aussi à connaître ce que c'est que leur âme, c'est qu'ils n'élèvent jamais leur esprit au-delà des choses sensibles, et qu'ils sont tellement accoutumés à ne rien considérer qu'en l'imaginant, qui est une façon de penser particulière pour les choses matérielles, que tout ce qui n'est pas imaginable leur semble n'être pas intelligible. Ce qui est assez manifeste de ce que même les philosophes tiennent pour maxime, dans les écoles, qu'il n'y a rien dans l'entendement qui n'ait premièrement été dans le sens[4], où toutefois il est certain que les idées de Dieu et de l'âme n'ont jamais été. Et il me semble que ceux qui veulent user de leur imagination, pour les comprendre, font tout de même que si[5], pour ouïr les sons, ou sentir les odeurs, ils se voulaient servir de leurs yeux : sinon qu'il y a encore cette différence, que le sens de la vue ne nous assure pas moins de la vérité de ses objets, que font ceux de l'odorat ou de l'ouïe ; au lieu que ni notre imagination ni nos sens ne nous sauraient jamais assurer d'aucune chose, si notre entendement n'y intervient.

Enfin, s'il y a encore des hommes qui ne soient pas assez persuadés de l'existence de Dieu et de leur âme, par les raisons que j'ai apportées, je veux bien qu'ils sachent que toutes les autres choses, dont ils se pensent peut-être plus assurés, comme d'avoir un corps, et qu'il y a des astres et une Terre, et choses semblables, sont moins certaines. Car, encore qu'on ait une assurance morale de ces choses, qui est telle, qu'il semble qu'à moins que

1. Il s'agit de la règle dite « de l'évidence », que Descartes a énoncée quelques lignes plus haut, p. 60.

2. Même avec la règle de l'évidence, on ne peut être assuré de l'existence des objets géométriques.

3. Seconde preuve de l'existence de Dieu : comme pour saint Anselme, l'inexistence, qui est une imperfection, ne saurait s'appliquer à Dieu. **Voir Grandes thèses**, Les preuves de l'existence de Dieu, p. 102.

4. Credo des empiristes, qui font de l'expérience sensible la source de toute connaissance.

5. *Font exactement comme si.*

d'être extravagant, on n'en peut douter[1], toutefois aussi, à moins que d'être déraisonnable, lorsqu'il est question d'une certitude métaphysique, on ne peut nier que ce ne soit assez de sujet, pour n'en être pas entièrement assuré, que d'avoir pris garde qu'on peut, en même façon, s'imaginer, étant endormi, qu'on a un autre corps, et qu'on voit d'autres astres, et une autre Terre, sans qu'il en soit rien. Car d'où sait-on que les pensées qui viennent en songe sont plutôt fausses que les autres, vu que souvent elles ne sont pas moins vives et expresses ? Et que les meilleurs esprits y étudient tant qu'il leur plaira, je ne crois pas qu'ils puissent donner aucune raison qui soit suffisante pour ôter ce doute, s'ils ne présupposent l'existence de Dieu[2].

Car, premièrement, cela même que j'ai tantôt pris pour une règle, à savoir que les choses que nous concevons très clairement et très distinctement sont toutes vraies, n'est assuré qu'à cause que Dieu est ou existe, et qu'il est un être parfait, et que tout ce qui est en nous vient de lui. D'où il suit que nos idées ou notions, étant des choses réelles, et qui viennent de Dieu, en tout ce en quoi elles sont claires et distinctes, ne peuvent en cela être que vraies. En sorte que, si nous en avons assez souvent qui contiennent de la fausseté, ce ne peut être que de celles qui ont quelque chose de confus et obscur, à cause qu'en cela elles participent du néant, c'est-à-dire qu'elles ne sont en nous ainsi confuses, qu'à cause que nous ne sommes pas tout parfaits[3]. Et il est évident qu'il n'y a pas moins de répugnance[4] que la fausseté ou l'imperfection procède de Dieu, en tant que telle, qu'il y en a que la vérité ou la perfection procède du néant. Mais si nous ne savions point que tout ce qui est en nous de réel et de vrai vient d'un être parfait et infini, pour claires et distinctes que fussent nos idées, nous n'aurions aucune raison qui nous assurât qu'elles eussent la perfection d'être vraies.

Or, après que la connaissance de Dieu et de l'âme nous a ainsi rendus certains de cette règle, il est bien aisé à connaître que les rêveries que nous imaginons étant endormis ne doivent aucunement nous faire douter de la vérité des pensées que nous avons étant éveillés. Car, s'il arrivait, même en dormant, qu'on eût quelque idée fort distincte, comme, par exemple, qu'un géomètre inventât quelque nouvelle démonstration, son sommeil

1. Pour agir au quotidien, nous n'avons pas besoin de démontrer l'existence du monde ; une simple « assurance morale » suffit.

2. Dieu est le garant de la connaissance vraie. **Voir Grandes thèses**, La perfection divine garantit la vérité de nos connaissances, p. 104.

3. Nos erreurs proviennent donc de l'imperfection de notre nature. **Voir Glossaire**, liberté de juger, p. 138.

4. *De contradiction.*

ne l'empêcherait pas d'être vraie. Et pour l'erreur la plus ordinaire de nos songes, qui consiste en ce qu'ils nous représentent divers objets en même façon que font nos sens extérieurs, n'importe pas[1] qu'elle nous donne occasion de nous défier de la vérité de telles idées, à cause qu'elles peuvent aussi nous tromper assez souvent, sans que nous dormions : comme lorsque ceux qui ont la jaunisse voient tout de couleur jaune, ou que les astres ou autres corps fort éloignés nous paraissent beaucoup plus petits qu'ils ne sont. Car enfin, soit que nous veillions, soit que nous dormions, nous ne nous devons jamais laisser persuader qu'à l'évidence de notre raison.

Et il est à remarquer que je dis de notre raison, et non point de notre imagination ni de nos sens. Comme, encore que nous voyons le soleil très clairement, nous ne devons pas juger pour cela qu'il ne soit que de la grandeur que nous le voyons ; et nous pouvons bien imaginer distinctement une tête de lion entée[2] sur le corps d'une chèvre, sans qu'il faille conclure, pour cela, qu'il y ait au monde une chimère : car la raison ne nous dicte point que ce que nous voyons ou imaginons ainsi soit véritable. Mais elle nous dicte bien que toutes nos idées ou notions doivent avoir quelque fondement de vérité, car il ne serait pas possible que Dieu, qui est tout parfait et tout véritable, les eût mises en nous sans cela. Et pource que nos raisonnements ne sont jamais si évidents ni si entiers pendant le sommeil que pendant la veille, bien que quelquefois nos imaginations soient alors autant ou plus vives et expresses, elle nous dicte aussi que nos pensées ne pouvant être toutes vraies, à cause que nous ne sommes pas tout parfaits, ce qu'elles ont de vérité doit infailliblement se rencontrer en celles que nous avons étant éveillés, plutôt qu'en nos songes.

CINQUIÈME PARTIE

Je serais bien aise de poursuivre, et de faire voir ici toute la chaîne des autres vérités que j'ai déduites de ces premières. Mais, à cause que, pour cet effet, il serait maintenant besoin que je parlasse de plusieurs questions, qui sont en controverse entre les doctes[3], avec lesquels je ne désire point me brouiller, je crois qu'il sera mieux que

1. *Il n'importe pas.*

2. *Greffée.*

3. Il s'agit des philosophes scolastiques, qui défendent la physique d'Aristote.

je m'en abstienne, et que je dise seulement en général quelles elles sont, afin de laisser juger aux plus sages s'il serait utile que le public en fût plus particulièrement informé. Je suis toujours demeuré ferme en la résolution que j'avais prise, de ne supposer aucun autre principe que celui dont je viens de me servir pour démontrer l'existence de Dieu et de l'âme, et de ne recevoir aucune chose pour vraie, qui ne me semblât plus claire et plus certaine que n'avaient fait auparavant les démonstrations des géomètres. Et néanmoins j'ose dire que, non seulement j'ai trouvé moyen de me satisfaire en peu de temps, touchant toutes les principales difficultés dont on a coutume de traiter en la philosophie, mais aussi que j'ai remarqué certaines lois, que Dieu a tellement établies en la nature, et dont il a imprimé de telles notions en nos âmes[1], qu'après y avoir fait assez de réflexion, nous ne saurions douter qu'elles ne soient exactement observées, en tout ce qui est ou qui se fait dans le monde. Puis, en considérant la suite de ces lois, il me semble avoir découvert plusieurs vérités plus utiles et plus importantes que tout ce que j'avais appris auparavant, ou même espéré d'apprendre.

Mais pource que j'ai tâché d'en expliquer les principales dans un traité que quelques considérations m'empêchent de publier[2], je ne les saurais mieux faire connaître qu'en disant ici sommairement ce qu'il contient. J'ai eu dessein d'y comprendre tout ce que je pensais savoir, avant que de l'écrire, touchant la nature des choses matérielles. Mais, tout de même que les peintres, ne pouvant également bien représenter dans un tableau plat toutes les diverses faces d'un corps solide, en choisissent une des principales qu'ils mettent seule vers le jour, et ombrageant les autres, ne les font paraître qu'en tant qu'on les peut voir en la regardant : ainsi, craignant de ne pouvoir mettre en mon discours tout ce que j'avais en la pensée, j'entrepris seulement d'y exposer bien amplement ce que je concevais de la lumière ; puis, à son occasion, d'y ajouter quelque chose du soleil et des étoiles fixes, à cause qu'elle en procède presque toute ; des cieux, à cause qu'ils la transmettent ; des planètes, des comètes et de la terre, à cause qu'elles la font réfléchir ; et en particulier de tous les corps qui sont sur la terre, à cause qu'ils sont ou colorés, ou transparents, ou lumineux[3], et enfin de l'homme, à cause qu'il en est le spectateur.

1. Dieu a créé les lois de la nature, et celles-ci se trouvent dans notre pensée, où Dieu les a déposées. **Voir Concepts clés**, les lois de la nature, p. 98.

2. Après la condamnation de Galilée en 1633, Descartes avait renoncé à publier son *Traité du monde*, dans lequel il admettait le mouvement de la Terre. **Voir Brève histoire de l'œuvre**, p. 17.

3. Les scolastiques distinguent en effet les corps « colorés » (qui réfléchissent la lumière), les corps « transparents » (qui la transmettent), et les corps « lumineux » (qui émettent la lumière).

Même, pour ombrager un peu toutes ces choses, et pouvoir dire plus librement ce que j'en jugeais, sans être obligé de suivre ni de réfuter les opinions qui sont reçues entre les doctes, je me résolus de laisser tout ce Monde ici à leurs disputes, et de parler seulement de ce qui arriverait dans un nouveau si Dieu créait maintenant quelque part, dans les espaces imaginaires[1], assez de matière pour le composer, et qu'il agitât diversement et sans ordre les diverses parties de cette matière, en sorte qu'il en composât un chaos aussi confus que les poètes en puissent feindre, et que, par après, il ne fît autre chose que prêter son concours ordinaire à la nature, et la laisser agir suivant les lois qu'il a établies. Ainsi, premièrement, je décrivis cette matière et tâchai de la représenter telle qu'il n'y a rien au monde, ce me semble, de plus clair ni plus intelligible, excepté ce qui a tantôt été dit de Dieu et de l'âme : car même je supposai, expressément, qu'il n'y avait en elle aucune de ces formes ou qualités dont on dispute dans les écoles[2], ni généralement aucune chose, dont la connaissance ne fût si naturelle à nos âmes, qu'on ne pût pas même feindre de l'ignorer. De plus, je fis voir quelles étaient les lois de la nature ; et, sans appuyer mes raisons sur aucun autre principe que sur les perfections infinies de Dieu[3], je tâchai à démontrer toutes celles dont on eût pu avoir quelque doute, et à faire voir qu'elles sont telles, qu'encore que Dieu aurait créé plusieurs mondes, il n'y en saurait avoir aucun où elles manquassent d'être observées.

Après cela, je montrai comment la plus grande part de la matière de ce chaos devait, en suite de ces lois, se disposer et s'arranger d'une certaine façon qui la rendait semblable à nos cieux ; comment, cependant, quelques-unes de ses parties devaient composer une Terre, et quelques-unes des planètes et des comètes, et quelques autres un Soleil et des étoiles fixes. Et ici, m'étendant sur le sujet de la lumière, j'expliquai bien au long quelle était celle qui se devait trouver dans le Soleil et les étoiles, et comment de là elle traversait en un instant[4] les immenses espaces des cieux, et comment elle se réfléchissait des planètes et des comètes vers la Terre. J'y ajoutai aussi plusieurs choses, touchant la substance, la situation, les mouvements et toutes les diverses qualités de ces cieux[5] et de ces astres, en sorte que je pensais en dire assez, pour faire connaître qu'il ne se remarque rien en

1. Allusion (légèrement ironique) aux scolastiques, qui considèrent comme « imaginaire », ou fictif, tout espace situé hors d'un monde qu'ils croient limité et fini.

2. Les formes et les qualités sont les notions dont se servent les scolastiques pour expliquer certains phénomènes physiques. Voir la note 8, p. 39.

3. Si Dieu n'avait pas toujours la même constance à créer les choses, la nature ne serait pas gouvernée par des lois. **Voir Concepts clés**, les lois de la nature, p. 98.

4. Descartes croit au caractère instantané du déplacement de la lumière.

5. Contrairement au monde des scolastiques, celui de Descartes est indéfini, et pure étendue. **Voir Grandes thèses**, Le monde-machine, p. 108.

ceux de ce monde qui ne dût, ou du moins qui ne pût paraître tout semblable en ceux du monde que je décrivais. De là je vins à parler particulièrement de la Terre : comment, encore que j'eusse expressément supposé que Dieu n'avait mis aucune pesanteur en la matière[1] dont elle était composée, toutes ses parties ne laissaient pas de tendre exactement vers son centre, comment, y ayant de l'eau et de l'air sur sa superficie, la disposition des cieux et des astres, principalement de la Lune, y devait causer un flux et reflux, qui fût semblable, en toutes ses circonstances, à celui qui se remarque dans nos mers ; et outre cela un certain cours, tant de l'eau que de l'air, du levant vers le couchant, tel qu'on le remarque aussi entre les tropiques ; comment les montagnes, les mers, les fontaines et les rivières pouvaient naturellement s'y former, et les métaux y venir dans les mines, et les plantes y croître dans les campagnes et généralement tous les corps qu'on nomme mêlés ou composés[2] s'y engendrer.

Et entre autres choses, à cause qu'après les astres je ne connais rien au monde que le feu qui produise de la lumière, je m'étudiai à faire entendre bien clairement tout ce qui appartient à sa nature, comment il se fait, comment il se nourrit ; comment il n'a quelquefois que de la chaleur sans lumière[3], et quelquefois que de la lumière sans chaleur[4], comment il peut introduire diverses couleurs en divers corps, et diverses autres qualités ; comment il en fond quelques-uns, et en durcit d'autres ; comment il les peut consumer presque tous, ou convertir en cendres et en fumée ; et enfin, comment de ces cendres, par la seule violence de son action, il forme du verre ; car cette transmutation de cendres en verre me semblant être aussi admirable qu'aucune autre qui se fasse en la nature, je pris particulièrement plaisir à la décrire.

Toutefois, je ne voulais pas inférer, de toutes ces choses, que ce monde ait été créé en la façon que je proposais ; car il est bien plus vraisemblable que, dès le commencement, Dieu l'a rendu tel qu'il devait être. Mais il est certain, et c'est une opinion communément reçue entre les théologiens, que l'action par laquelle maintenant il le conserve, est toute la même que celle par laquelle il l'a créé[5] ; de façon qu'encore qu'il ne lui aurait point donné, au commencement, d'autre forme que celle du chaos, pourvu qu'ayant établi les lois de la nature, il lui prêtât son concours pour agir ainsi qu'elle a de coutume, on

1. Descartes ne nie pas la pesanteur des corps, mais rejette l'idée selon laquelle la « gravité » serait une qualité propre aux corps pesants.

2. Corps mixtes formés de plusieurs éléments.

3. À l'exemple du foin lorsqu'il macère.

4. À l'exemple des étoiles filantes ou des eaux phosphorescentes.

5. Troisième évocation de la théorie de la création continuée. Voir les notes 4, p. 61 et 1, p. 65.

peut croire sans faire tort au miracle de la création, que par cela seul toutes les choses qui sont purement matérielles auraient pu, avec le temps, s'y rendre telles que nous les voyons à présent. Et leur nature est bien plus aisée à concevoir, lorsqu'on les voit naître peu à peu en cette sorte, que lorsqu'on ne les considère que toutes faites[1].

De la description des corps inanimés et des plantes, je passai à celle des animaux et particulièrement à celle des hommes. Mais pource que je n'en avais pas encore assez de connaissance pour en parler du même style que du reste, c'est-à-dire en démontrant les effets par les causes, et faisant voir de quelles semences, et en quelle façon, la nature les doit produire, je me contentai de supposer que Dieu formât le corps d'un homme, entièrement semblable à l'un des nôtres, tant en la figure extérieure de ses membres qu'en la conformation intérieure de ses organes, sans le composer d'autre matière[2] que de celle que j'avais décrite, et sans mettre en lui, au commencement, aucune âme raisonnable, ni aucune autre chose pour y servir d'âme végétante ou sensitive[3], sinon qu'il excitât en son cœur un de ces feux sans lumière, que j'avais déjà expliqués, et que je ne concevais point d'autre nature que celui qui échauffe le foin, lorsqu'on l'a renfermé avant qu'il fût sec, ou qui fait bouillir les vins nouveaux, lorsqu'on les laisse cuver sur la râpe[4]. Car, examinant les fonctions qui pouvaient en suite de cela être en ce corps, j'y trouvais exactement toutes celles qui peuvent être en nous sans que nous y pensions, ni par conséquent que notre âme, c'est-à-dire cette partie distincte du corps dont il a été dit ci-dessus que la nature n'est que de penser, y contribue, et qui sont toutes les mêmes, en quoi on peut dire que les animaux sans raison nous ressemblent : sans que j'y en pusse pour cela trouver aucune de celles qui, étant dépendantes de la pensée, sont les seules qui nous appartiennent en tant qu'hommes, au lieu que je les y trouvais toutes par après, ayant supposé que Dieu créât une âme raisonnable, et qu'il la joignît à ce corps en certaine façon que je décrivais.

Mais, afin qu'on puisse voir en quelle sorte j'y traitais cette matière, je veux mettre ici l'explication du mouvement du cœur et des artères, qui, étant le premier et le plus général[5] qu'on observe dans les animaux, on jugera facilement de lui ce qu'on doit penser de tous les

1. Descartes tente ici de concilier sa propre physique avec l'enseignement de la Bible, qui affirme que le monde a été créé par Dieu d'un seul coup. **Voir Concepts clés**, les lois de la nature, p. 98.

2. Selon Descartes, le corps humain peut être étudié de la même façon que les corps qu'examine la physique.

3. Notions aristotéliciennes qui relèvent, selon Descartes, d'une confusion entre l'âme et le corps. **Voir Grandes thèses**, L'âme est distincte du corps, p. 106.

4. *Le marc* (ce qui reste du raisin une fois que l'on a extrait le moût).

5. Selon Descartes, le cœur répand une chaleur qui entretient la vie dans tout le corps. **Voir Grandes thèses**, l'âme est distincte du corps, p. 106.

autres. Et afin qu'on ait moins de difficulté à entendre ce que j'en dirai, je voudrais que ceux qui ne sont point versés dans l'anatomie prissent la peine, avant que de lire ceci, de faire couper devant eux le cœur de quelque grand animal qui ait des poumons, car il est en tout assez semblable à celui de l'homme, et qu'ils se fissent montrer les deux chambres ou concavités[1] qui y sont. Premièrement, celle qui est dans son côté droit, à laquelle répondent deux tuyaux fort larges : à savoir la veine cave, qui est le principal réceptacle du sang, et comme le tronc de l'arbre dont toutes les autres veines du corps sont les branches, et la veine artérieuse[2], qui a été ainsi mal nommée, parce que c'est en effet une artère, laquelle prenant son origine du cœur, se divise, après en être sortie, en plusieurs branches qui se vont répandre partout dans les poumons. Puis, celle qui est dans son côté gauche, à laquelle répondent en même façon deux tuyaux, qui sont autant ou plus larges que les précédents : à savoir l'artère veineuse[3], qui a été aussi mal nommée, à cause qu'elle n'est autre chose qu'une veine, laquelle vient des poumons, où elle est divisée en plusieurs branches, entrelacées avec celles de la veine artérieuse, et celles de ce conduit qu'on nomme le sifflet[4], par où entre l'air de la respiration et la grande artère[5], qui, sortant du cœur, envoie ses branches par tout le corps.

Je voudrais aussi qu'on leur montrât soigneusement les onze petites peaux[6], qui, comme autant de petites portes, ouvrent et ferment les quatre ouvertures qui sont en ces deux concavités : à savoir, trois à l'entrée de la veine cave[7], où elles sont tellement disposées qu'elles ne peuvent aucunement empêcher que le sang qu'elle contient ne coule dans la concavité droite du cœur, et toutefois empêchent exactement qu'il n'en puisse sortir ; trois à l'entrée de la veine artérieuse[8], qui, étant disposées tout au contraire, permettent bien au sang, qui est dans cette concavité, de passer dans les poumons, mais non pas à celui qui est dans les poumons d'y retourner ; et ainsi deux autres[9], à l'entrée de l'artère veineuse, qui laissent couler le sang des poumons vers la concavité gauche du cœur, mais s'opposent à son retour ; et trois à l'entrée de la grande artère[10], qui lui permettent de sortir du cœur, mais l'empêchent d'y retourner. Et il n'est point besoin de chercher d'autre raison du nombre de ces peaux, sinon que l'ouverture de l'artère veineuse, étant en ovale à cause du

1. *Les ventricules droit et gauche.*

2. *L'artère pulmonaire.*

3. *La veine pulmonaire.*

4. *La trachée-artère.*

5. *L'artère aorte, qui part du ventricule gauche.*

6. *Les onze valvules.*

7. *La valvule tricuspide.*

8. *Les trois valvules sigmoïdes de l'artère pulmonaire.*

9. *La valvule mitrale.*

10. *Les trois valvules sigmoïdes de l'artère aorte.*

lieu où elle se rencontre, peut être commodément fermée avec deux, au lieu que les autres, étant rondes, le peuvent mieux être avec trois. De plus, je voudrais qu'on leur fît considérer que la grande artère et la veine antérieuse sont d'une composition beaucoup plus dure et plus ferme que ne sont l'artère veineuse et la veine cave ; et que ces deux dernières s'élargissent avant que d'entrer dans le cœur, et y font comme deux bourses, nommées les oreilles[1] du cœur, qui sont composées d'une chair semblable à la sienne ; et qu'il y a toujours plus de chaleur dans le cœur qu'en aucun autre endroit du corps[2] et, enfin, que cette chaleur est capable de faire que, s'il entre quelque goutte de sang en ses concavités, elle s'enfle promptement et se dilate, ainsi que font généralement toutes les liqueurs[3], lorsqu'on les laisse tomber goutte à goutte en quelque vaisseau qui est fort chaud.

Car, après cela, je n'ai besoin de dire autre chose pour expliquer le mouvement du cœur, sinon que, lorsque ses concavités ne sont pas pleines de sang, il y en coule nécessairement de la veine cave dans la droite, et de l'artère veineuse dans la gauche ; d'autant que ces deux vaisseaux[4] en sont toujours pleins, et que leurs ouvertures, qui regardent vers le cœur, ne peuvent alors être bouchées ; mais que, sitôt qu'il est entré ainsi deux gouttes de sang, une en chacune de ses concavités, ces gouttes, qui ne peuvent être que fort grosses, à cause que les ouvertures par où elles entrent sont fort larges, et les vaisseaux d'où elles viennent fort pleins de sang, se raréfient et se dilatent, à cause de la chaleur qu'elles y trouvent, au moyen de quoi, faisant enfler tout le cœur, elles poussent et ferment les cinq petites portes qui sont aux entrées des deux vaisseaux d'où elles viennent, empêchant ainsi qu'il ne descende davantage de sang dans le cœur ; et continuant à se raréfier de plus en plus, elles poussent et ouvrent les six autres petites portes qui sont aux entrées des deux autres vaisseaux par où elles sortent, faisant enfler par ce moyen toutes les branches de la veine artérieuse et de la grande artère, quasi au même instant que le cœur ; lequel, incontinent après[5], se désenfle, comme font aussi ces artères, à cause que le sang qui y est entré s'y refroidit, et leurs six petites portes se referment, et les cinq de la veine cave et de l'artère veineuse se rouvrent, et donnent passage à deux autres gouttes de sang, qui font derechef enfler le cœur et les artères, tout de même que

1. *Les oreillettes.* Descartes ne considère pas qu'elles font partie du cœur.
2. Fidèle en cela à la tradition scolastique, Descartes croit que le cœur est l'organe le plus chaud de notre corps.
3. *Tous les liquides.*
4. *Les oreillettes.*
5. *Immédiatement après.*

les précédentes. Et pource que le sang, qui entre ainsi dans le cœur, passe par ces deux bourses qu'on nomme ses oreilles, de là vient que leur mouvement est contraire au sien, et qu'elles se désenflent lorsqu'il s'enfle. Au reste, afin que ceux qui ne connaissent pas la force des démonstrations mathématiques[1], et ne sont pas accoutumés à distinguer les vraies raisons des vraisemblables, ne se hasardent pas de nier ceci sans l'examiner, je les veux avertir que ce mouvement, que je viens d'expliquer, suit aussi nécessairement de la seule disposition des organes qu'on peut voir à l'œil dans le cœur, et de la chaleur qu'on y peut sentir avec les doigts, et de la nature du sang qu'on peut connaître par expérience, que fait celui d'une horloge, de la force, de la situation et de la figure de ses contrepoids et de ses roues.

Mais si on demande comment le sang des veines ne s'épuise point, en coulant ainsi continuellement dans le cœur, et comment les artères n'en sont point trop remplies, puisque tout celui qui passe par le cœur s'y va rendre, je n'ai pas besoin d'y répondre autre chose que ce qui a déjà été écrit par un médecin d'Angleterre[2], auquel il faut donner la louange d'avoir rompu la glace en cet endroit, et d'être le premier qui a enseigné qu'il y a plusieurs petits passages aux extrémités des artères, par où le sang qu'elles reçoivent du cœur entre dans les petites branches des veines, d'où il se va rendre derechef vers le cœur, en sorte que son cours n'est autre chose qu'une circulation perpétuelle. Ce qu'il prouve fort bien, par l'expérience ordinaire des chirurgiens, qui, ayant lié le bras médiocrement fort, au-dessus de l'endroit où ils ouvrent la veine, font que le sang en sort plus abondamment que s'ils ne l'avaient point lié. Et il arriverait tout le contraire, s'ils le liaient au-dessous, entre la main et l'ouverture, ou bien qu'ils le liassent très fort au-dessus[3]. Car il est manifeste que le lien médiocrement serré, pouvant empêcher que le sang qui est déjà dans le bras ne retourne vers le cœur par les veines, n'empêche pas pour cela qu'il n'y en vienne toujours de nouveau par les artères, à cause qu'elles sont situées au-dessous des veines, et que leurs peaux, étant plus dures, sont moins aisées à presser, et aussi que le sang qui vient du cœur tend avec plus de force à passer par elles vers la main, qu'il ne fait à retourner de là vers le cœur par les veines. Et, puisque ce sang sort du bras par l'ouverture qui est en l'une des veines, il doit

1. De ce que le corps est comparable au mécanisme d'une horloge, il s'ensuit que l'explication du mouvement du cœur est aussi rigoureuse qu'une démonstration mathématique. **Voir Grandes thèses**, Le monde-machine, p. 108.

2. Il s'agit de William Harvey (1578-1657), qui a découvert le mécanisme de la circulation sanguine.

3. Ce qui s'appelle « poser un garrot ».

nécessairement y avoir quelques passages au-dessous du lien, c'est-à-dire vers les extrémités du bras, par où il y puisse venir des artères. Il prouve aussi fort bien ce qu'il dit du cours du sang, par certaines petites peaux, qui sont tellement disposées en divers lieux le long des veines, qu'elles ne lui permettent point d'y passer du milieu du corps vers les extrémités, mais seulement de retourner des extrémités vers le cœur, et, de plus, par l'expérience qui montre que tout celui qui est dans le corps en peut sortir en fort peu de temps par une seule artère, lorsqu'elle est coupée, encore même qu'elle fût étroitement liée fort proche du cœur, et coupée entre lui et le lien, en sorte qu'on n'eût aucun sujet d'imaginer que le sang qui en sortirait vînt d'ailleurs.

Mais il y a plusieurs autres choses qui témoignent que la vraie cause de ce mouvement du sang est celle que j'ai dite. Comme, premièrement, la différence qu'on remarque entre celui qui sort des veines et celui qui sort des artères ne peut procéder que de ce qu'étant raréfié, et comme distillé, en passant par le cœur, il est plus subtil et plus vif et plus chaud incontinent après en être sorti, c'est-à-dire étant dans les artères, qu'il n'est un peu devant que d'y entrer[1], c'est-à-dire étant dans les veines. Et, si on y prend garde, on trouvera que cette différence ne paraît bien que vers le cœur, et non point tant aux lieux qui en sont les plus éloignés[2]. Puis aussi la dureté des peaux, dont la veine artérieuse et la grande artère sont composées, montre assez que le sang bat contre elles avec plus de force que contre les veines[3]. Et pourquoi la concavité gauche du cœur et la grande artère seraient-elles plus amples et plus larges que la concavité droite et la veine artérieuse ? Si ce n'était que le sang de l'artère veineuse, n'ayant été que dans les poumons depuis qu'il a passé par le cœur, est plus subtil et se raréfie plus fort et plus aisément que celui qui vient immédiatement de la veine cave[4]. Et qu'est-ce que les médecins peuvent deviner, en tâtant le pouls, s'ils ne savent que, selon que le sang change de nature, il peut être raréfié par la chaleur du cœur plus ou moins fort, et plus ou moins vite qu'auparavant[5] ? Et si on examine comment cette chaleur se communique aux autres membres, ne faut-il pas avouer que c'est par le moyen du sang qui, passant par le cœur, s'y réchauffe, et se répand de là par tout le corps ? D'où vient que, si on ôte le sang de quelque partie, on en ôte par

1. *Qu'il ne l'est un peu avant d'y entrer.*

2. Descartes est ici en désaccord avec Harvey : alors que, pour ce dernier, la dilatation et la contraction du cœur sont deux processus différents, pour Descartes, la régénération du sang se passe dans le cœur même. Il ignore que cette transformation (du sang veineux en sang artériel) provient de la respiration pulmonaire.

3. Descartes croit à tort, contre Harvey, que le sang qui coule dans l'artère pulmonaire est artériel.

4. Pour Descartes, si le ventricule gauche est plus large, c'est que le cœur y envoie plus de chaleur que dans le côté droit.

5. On pensait, à l'époque, que le pouls variait en fonction de la température du sang (exemple de la fièvre).

même moyen la chaleur ; et encore que le cœur fût aussi ardent qu'un fer embrasé, il ne suffirait pas pour réchauffer les pieds et les mains tant qu'il fait[1], s'il n'y envoyait continuellement de nouveau sang.

Puis aussi on connaît de là que le vrai usage de la respiration est d'apporter assez d'air frais dans le poumon, pour faire que le sang, qui y vient de la concavité droite du cœur, où il a été raréfié et comme changé en vapeurs, s'y épaississe et convertisse en sang derechef, avant que de retomber dans la gauche, sans quoi il ne pourrait être propre à servir de nourriture au feu qui y est[2]. Ce qui se confirme, parce qu'on voit que les animaux qui n'ont point de poumons n'ont aussi qu'une seule concavité dans le cœur, et que les enfants, qui n'en peuvent user pendant qu'ils sont renfermés au ventre de leurs mères, ont une ouverture[3] par où il coule du sang de la veine cave en la concavité gauche du cœur, et un conduit par où il en vient de la veine artérieuse en la grande artère, sans passer par le poumon. Puis la coction[4], comment se ferait-elle en l'estomac, si le cœur n'y envoyait de la chaleur par les artères, et avec cela quelques-unes des plus coulantes parties du sang, qui aident à dissoudre les viandes[5] qu'on y a mises ? Et l'action qui convertit le suc de ces viandes en sang n'est-elle pas aisée à connaître, si on considère qu'il se distille, en passant et repassant par le cœur, peut-être par plus de cent ou deux cents fois en chaque jour ? Et qu'a-t-on besoin d'autre chose, pour expliquer la nutrition et la production des diverses humeurs[6] qui sont dans le corps, sinon de dire que la force, dont le sang en se raréfiant passe du cœur vers les extrémités des artères, fait que quelques-unes de ses parties s'arrêtent entre celles des membres où elles se trouvent, et y prennent la place de quelques autres qu'elles en chassent ; et que, selon la situation, ou la figure, ou la petitesse des pores qu'elles rencontrent, les unes se vont rendre en certains lieux plutôt que les autres, en même façon que chacun peut avoir vu divers cribles qui, étant diversement percés, servent à séparer divers grains les uns des autres ?

Et enfin ce qu'il y a de plus remarquable en tout ceci, c'est la génération des esprits animaux[7], qui sont comme un vent très subtil, ou plutôt comme une flamme très pure et très vive qui, montant continuellement en grande abondance du cœur dans le cerveau, se va rendre

1. *Quoi qu'il fît.*

2. Le sang se refroidit dans le poumon ; il est ensuite brûlé par le feu qui se trouve dans le cœur, lequel renvoie la chaleur ainsi produite dans le corps.

3. Descartes parle du cordon ombilical.

4. *La digestion.*

5. *Les aliments.*

6. La salive, l'urine, la sueur, c'est-à-dire tout ce qui est sécrété par les glandes.

7. Éléments subtils du sang qui, depuis le cerveau, donnent le mouvement à tous les membres. **Voir Grandes thèses**, L'âme est distincte du corps, p. 106.

de là par les nerfs dans les muscles, et donne le mouvement à tous les membres, sans qu'il faille imaginer d'autre cause, qui fasse que les parties du sang qui, étant les plus agitées et les plus pénétrantes, sont les plus propres à composer ces esprits, se vont rendre plutôt vers le cerveau que vers ailleurs ; sinon que les artères, qui les y portent, sont celles qui viennent du cœur le plus en ligne droite de toutes, et que, selon les règles des mécaniques[1], qui sont les mêmes que celles de la nature, lorsque plusieurs choses tendent ensemble à se mouvoir vers un même côté, où il n'y a pas assez de place pour toutes, ainsi que les parties du sang qui sortent de la concavité gauche du cœur tendent vers le cerveau, les plus faibles et moins agitées en doivent être détournées par les plus fortes, qui par ce moyen s'y vont rendre seules.

J'avais expliqué assez particulièrement toutes ces choses dans le traité que j'avais eu ci-devant dessein de publier. Et ensuite j'y avais montré quelle doit être la fabrique[2] des nerfs et des muscles du corps humain, pour faire que les esprits animaux, étant dedans, aient la force de mouvoir ses membres : ainsi qu'on voit que les têtes, un peu après être coupées, se remuent encore, et mordent la terre, nonobstant qu'elles ne soient plus animées ; quels changements se doivent faire dans le cerveau, pour causer la veille, et le sommeil, et les songes[3] ; comment la lumière, les sons, les odeurs, les goûts, la chaleur, et toutes les autres qualités des objets extérieurs y peuvent imprimer diverses idées par l'entremise des sens ; comment la faim, la soif, et les autres passions intérieures[4], y peuvent aussi envoyer les leurs ; ce qui doit y être pris pour le sens commun[5], où ces idées sont reçues ; pour la mémoire, qui les conserve ; et pour la fantaisie[6], qui les peut diversement changer et en composer de nouvelles, et par même moyen, distribuant les esprits animaux dans les muscles, faire mouvoir les membres de ce corps en autant de diverses façons, et autant à propos des objets qui se présentent à ses sens, et des passions intérieures qui sont en lui, que les nôtres se puissent mouvoir, sans que la volonté les conduise[7]. Ce qui ne semblera nullement étrange à ceux qui, sachant combien de divers *automates*, ou machines mouvantes, l'industrie des hommes peut faire, sans y employer que fort peu de pièces, à comparaison de la grande multitude des os, des muscles, des nerfs, des artères, des veines, et de toutes les autres parties qui sont

1. Tous les phénomènes physiologiques peuvent être expliqués à partir de la physique et des mathématiques. **Voir Grandes thèses**, Le monde-machine, p. 108.

2. *L'agencement.*

3. La veille, le sommeil et les songes s'expliquent eux aussi par les esprits animaux : la veille correspond à une tension des nerfs par les esprits ; le sommeil s'explique par le fait que les esprits animaux se relâchent ; et les songes, par le fait que certains esprits se relâchent, tandis que d'autres se tendent.

4. *Les autres sentiments, ou affections.*

5. Allusion à la « glande pinéale » dont parlera Descartes à l'article 32 des *Passions de l'âme* (1649) : située « au milieu du cerveau », cette petite glande centralise toutes les impressions reçues de l'extérieur (lumière, sons, odeurs, etc.).

6. *L'imagination.*

7. Toutes les fonctions ici décrites sont communes à l'homme et à l'animal. Elles ne requièrent donc nullement l'intervention de la volonté. **Voir Grandes thèses**, L'âme est distincte du corps, p. 106.

dans le corps de chaque animal, considéreront ce corps comme une machine, qui, ayant été faite des mains de Dieu[1], est incomparablement mieux ordonnée, et a en soi des mouvements plus admirables, qu'aucune de celles qui peuvent être inventées par les hommes.

Et je m'étais ici particulièrement arrêté à faire voir que, s'il y avait de telles machines, qui eussent les organes et la figure d'un singe, ou de quelque autre animal sans raison, nous n'aurions aucun moyen pour reconnaître qu'elles ne seraient pas en tout de même nature que ces animaux ; au lieu que, s'il y en avait qui eussent la ressemblance de nos corps et imitassent autant nos actions que moralement il serait possible, nous aurions toujours deux moyens très certains pour reconnaître qu'elles ne seraient point pour cela de vrais hommes. Dont le premier est que jamais elles ne pourraient user de paroles, ni d'autres signes en les composant, comme nous faisons pour déclarer aux autres nos pensées. Car on peut bien concevoir qu'une machine soit tellement faite qu'elle profère des paroles, et même qu'elle en profère quelques-unes à propos des actions corporelles qui causeront quelque changement en ses organes : comme, si on la touche en quelque endroit, qu'elle demande ce qu'on lui veut dire ; si en un autre, qu'elle crie qu'on lui fait mal, et choses semblables ; mais non pas qu'elle les arrange diversement, pour répondre au sens de tout ce qui se dira en sa présence, ainsi que les hommes les plus hébétés peuvent faire. Et le second est que, bien qu'elles fissent plusieurs choses aussi bien, ou peut-être mieux qu'aucun de nous, elles manqueraient infailliblement en quelques autres par lesquelles on découvrît qu'elles n'agiraient pas par connaissance, mais seulement par la disposition de leurs organes. Car, au lieu que la raison est un instrument universel, qui peut servir en toutes sortes de rencontres, ces organes ont besoin de quelque particulière disposition pour chaque action particulière ; d'où vient qu'il est moralement impossible[2] qu'il y en ait assez de divers en une machine pour la faire agir en toutes les occurrences de la vie, de même façon que notre raison nous fait agir.

Or, par ces deux mêmes moyens, on peut aussi connaître la différence qui est entre les hommes et les bêtes. Car c'est une chose bien remarquable, qu'il n'y a point d'hommes si hébétés et si stupides, sans en excepter même les insensés, qu'ils ne soient capables d'arranger

1. Bien que créé par Dieu, le corps humain n'en est pas moins construit comme une machine, et l'on peut l'étudier comme tel. **Voir Grandes thèses**, Le monde-machine, p. 108.

2. *Qu'il est impossible, dans l'ordre de l'action.*

ensemble diverses paroles, et d'en composer un discours[1] par lequel ils fassent entendre leurs pensées ; et qu'au contraire, il n'y a point d'autre animal, tant parfait et tant heureusement né qu'il puisse être, qui fasse le semblable[2]. Ce qui n'arrive pas de ce qu'ils ont faute d'organes, car on voit que les pies et les perroquets peuvent proférer des paroles ainsi que nous, et toutefois ne peuvent parler ainsi que nous, c'est-à-dire en témoignant qu'ils pensent ce qu'ils disent ; au lieu que les hommes qui, étant nés sourds et muets, sont privés des organes qui servent aux autres pour parler, autant ou plus que les bêtes, ont coutume d'inventer d'eux-mêmes quelques signes, par lesquels ils se font entendre à ceux qui, étant ordinairement avec eux, ont loisir d'apprendre leur langue. Et ceci ne témoigne pas seulement que les bêtes ont moins de raison que les hommes, mais qu'elles n'en ont point du tout. Car on voit qu'il n'en faut que fort peu pour savoir parler ; et d'autant qu'on remarque de l'inégalité entre les animaux d'une même espèce, aussi bien qu'entre les hommes, et que les uns sont plus aisés à dresser que les autres, il n'est pas croyable qu'un singe ou un perroquet, qui serait des plus parfaits de son espèce, n'égalât en cela un enfant des plus stupides, ou du moins un enfant qui aurait le cerveau troublé, si leur âme n'était d'une nature du tout différente de la nôtre[3].

Et on ne doit pas confondre les paroles avec les mouvements naturels, qui témoignent les passions, et peuvent être imités par des machines aussi bien que par les animaux ; ni penser, comme quelques anciens, que les bêtes parlent, bien que nous n'entendions pas leur langage : car s'il était vrai, puisqu'elles ont plusieurs organes qui se rapportent aux nôtres, elles pourraient aussi bien se faire entendre à nous qu'à leurs semblables. C'est aussi une chose fort remarquable que, bien qu'il y ait plusieurs animaux qui témoignent plus d'industrie[4] que nous en quelques-unes de leurs actions, on voit toutefois que les mêmes n'en témoignent point du tout en beaucoup d'autres : de façon que ce qu'ils font mieux que nous ne prouve pas qu'ils ont de l'esprit ; car, à ce compte, ils en auraient plus qu'aucun de nous et feraient mieux en toute chose, mais plutôt qu'ils n'en ont point, et que c'est la Nature qui agit en eux, selon la disposition de leurs organes : ainsi qu'on voit qu'une horloge, qui n'est composée que de roues et de ressorts, peut compter les

1. Un discours est une suite de paroles douée de sens. Ce qui distingue l'homme de l'animal, ce n'est donc pas l'usage de la parole (un perroquet est capable de parler), mais l'aptitude à penser et à communiquer ses pensées.

2. *Qui fasse de même.*

3. Descartes s'attaque ici à Montaigne : selon ce dernier, les animaux raisonnent moins bien que les hommes, mais raisonnent tout de même ; il n'y aurait entre l'homme et l'animal qu'une différence de degré. Pour Descartes, en revanche, la raison n'appartient qu'à l'homme, et il y a entre celui-ci et l'animal une différence de nature.

4. *Plus d'habileté.*

heures, et mesurer le temps, plus justement que nous avec toute notre prudence[1].

J'avais décrit, après cela, l'âme raisonnable, et fait voir qu'elle ne peut aucunement être tirée de la puissance de la matière, ainsi que les autres choses dont j'avais parlé, mais qu'elle doit expressément être créée ; et comment il ne suffit pas qu'elle soit logée dans le corps humain, ainsi qu'un pilote en son navire[2], sinon peut-être pour mouvoir ses membres, mais qu'il est besoin qu'elle soit jointe et unie plus étroitement avec lui pour avoir, outre cela, des sentiments et des appétits semblables aux nôtres, et ainsi composer un vrai homme. Au reste, je me suis ici un peu étendu sur le sujet de l'âme, à cause qu'il est des plus importants ; car, après l'erreur de ceux qui nient Dieu, laquelle je pense avoir ci-dessus assez réfutée, il n'y en a point qui éloigne plutôt les esprits faibles du droit chemin de la vertu, que d'imaginer que l'âme des bêtes soit de même nature que la nôtre, et que, par conséquent, nous n'avons rien à craindre, ni à espérer, après cette vie, non plus que les mouches et les fourmis ; au lieu que, lorsqu'on sait combien elles diffèrent, on comprend beaucoup mieux les raisons qui prouvent que la nôtre est d'une nature entièrement indépendante du corps et, par conséquent, qu'elle n'est point sujette à mourir avec lui ; puis, d'autant qu'on ne voit point d'autres causes qui la détruisent, on est naturellement porté à juger de là qu'elle est immortelle[3].

SIXIÈME PARTIE

Or, il y a maintenant trois ans que j'étais parvenu à la fin du traité qui contient toutes ces choses[4], et que je commençais à le revoir, afin de le mettre entre les mains d'un imprimeur, lorsque j'appris que des personnes[5], à qui je défère et dont l'autorité ne peut guère moins sur mes actions que ma propre raison sur mes pensées, avaient désapprouvé une opinion de physique, publiée un peu auparavant par quelque autre[6], de laquelle je ne veux pas dire que je fusse, mais bien que je n'y avais rien remarqué, avant leur censure, que je pusse imaginer être préjudiciable ni à la religion ni à l'État, ni, par conséquent, qui m'eût empêché de l'écrire, si la raison me l'eût persua-

1. *Avec toute notre intelligence.*

2. Cette image, empruntée à Platon, ne rend pas compte de l'union substantielle de l'âme et du corps. **Voir Grandes thèses**, L'âme est distincte du corps, p. 106.

3. Immatérielle, l'âme doit pouvoir en effet subsister sans le corps.

4. Il s'agit du *Traité du monde*. Voir la note 2, p. 65.

5. Ces *personnes* sont les membres du Saint-Office, qui représente l'Église catholique. Ils avaient condamné Galilée en 1633, lui interdisant d'enseigner sa théorie du mouvement de la Terre.

6. Allusion à Galilée.

dée, et que cela me fit craindre qu'il ne s'en trouvât tout de même quelqu'une entre les miennes, en laquelle je me fusse mépris, nonobstant[1] le grand soin que j'ai toujours eu de n'en point recevoir de nouvelles en ma créance, dont je n'eusse des démonstrations très certaines, et de n'en point écrire qui pussent tourner au désavantage de personne. Ce qui a été suffisant pour m'obliger à changer la résolution que j'avais eue de les publier. Car, encore que les raisons, pour lesquelles je l'avais prise auparavant, fussent très fortes, mon inclination, qui m'a toujours fait haïr le métier de faire des livres, m'en fit incontinent trouver assez d'autres pour m'en excuser. Et ces raisons de part et d'autre sont telles, que non seulement j'ai ici quelque intérêt de les dire, mais peut-être aussi que le public en a de les savoir.

Je n'ai jamais fait beaucoup d'état des choses qui venaient de mon esprit, et pendant que[2] je n'ai recueilli d'autres fruits de la méthode dont je me sers, sinon que je me suis satisfait, touchant quelques difficultés qui appartiennent aux sciences spéculatives, ou bien que j'ai tâché de régler mes mœurs par les raisons qu'elle m'enseignait, je n'ai point cru être obligé d'en rien écrire. Car, pour ce qui touche les mœurs, chacun abonde si fort en son sens, qu'il se pourrait trouver autant de réformateurs que de têtes, s'il était permis à d'autres qu'à ceux que Dieu a établis pour souverains sur ses peuples, ou bien auxquels il a donné assez de grâce et de zèle pour être prophètes, d'entreprendre d'y rien changer ; et bien que mes spéculations me plussent fort, j'ai cru que les autres en avaient aussi qui leur plaisaient peut-être davantage. Mais, sitôt que j'ai eu acquis quelques notions générales touchant la physique, et que, commençant à les éprouver en diverses difficultés particulières[3], j'ai remarqué jusques où elles peuvent conduire, et combien elles diffèrent des principes dont on s'est servi jusques à présent, j'ai cru que je ne pouvais les tenir cachées, sans pécher grandement contre la loi qui nous oblige à procurer, autant qu'il est en nous, le bien général de tous les hommes.

Car elles m'ont fait voir qu'il est possible de parvenir à des connaissances qui soient fort utiles à la vie, et qu'au lieu de cette philosophie spéculative, qu'on enseigne dans les écoles, on en peut trouver une pratique, par laquelle, connaissant la force et les actions du feu, de l'eau, de l'air, des astres, des cieux et de tous les autres

1. *Malgré.*

2. *Aussi longtemps que.*

3. Probablement des problèmes d'optique.

corps qui nous environnent, aussi distinctement que nous connaissons les divers métiers de nos artisans[1], nous les pourrions employer en même façon à tous les usages auxquels ils sont propres, et ainsi nous rendre comme maîtres et possesseurs de la Nature[2]. Ce qui n'est pas seulement à désirer pour l'invention d'une infinité d'artifices[3] qui feraient qu'on jouirait, sans aucune peine, des fruits de la terre et de toutes les commodités qui s'y trouvent, mais principalement aussi pour la conservation de la santé, laquelle est sans doute le premier bien et le fondement de tous les autres biens de cette vie ; car même l'esprit dépend si fort du tempérament, et de la disposition des organes du corps que, s'il est possible de trouver quelque moyen qui rende communément les hommes plus sages et plus habiles qu'ils n'ont été jusques ici, je crois que c'est dans la médecine qu'on doit le chercher[4].

Il est vrai que celle qui est maintenant en usage contient peu de choses dont l'utilité soit si remarquable ; mais, sans que j'aie aucun dessein de la mépriser, je m'assure qu'il n'y a personne, même de ceux qui en font profession, qui n'avoue que tout ce qu'on y sait n'est presque rien, à comparaison de ce qui reste à y savoir, et qu'on se pourrait exempter[5] d'une infinité de maladies, tant du corps que de l'esprit, et même aussi peut-être de l'affaiblissement de la vieillesse, si on avait assez de connaissance de leurs causes, et de tous les remèdes dont la Nature nous a pourvus[6]. Or, ayant dessein d'employer toute ma vie à la recherche d'une science si nécessaire, et ayant rencontré un chemin qui me semble tel qu'on doit infailliblement la trouver, en le suivant, si ce n'est qu'on en soit empêché, ou par la brièveté de la vie, ou par le défaut des expériences, je jugeais qu'il n'y avait point de meilleur remède contre ces deux empêchements que de communiquer fidèlement au public tout le peu que j'aurais trouvé, et de convier les bons esprits à tâcher de passer plus outre, en contribuant, chacun selon son inclination et son pouvoir, aux expériences qu'il faudrait faire, et communiquant aussi au public toutes les choses qu'ils apprendraient, afin que les derniers commençant où les précédents auraient achevé, et ainsi, joignant les vies et les travaux de plusieurs, nous allassions tous ensemble beaucoup plus loin que chacun en particulier ne saurait faire.

Même je remarquais, touchant les expériences, qu'elles sont d'autant plus nécessaires qu'on est plus

1. *Les diverses techniques auxquelles recourent les artisans.*

2. **Voir Grandes thèses**, La maîtrise de la nature, p. 110. **Voir aussi Sujets de dissertation**, Étudier la nature : pour la connaître ou pour la dominer ?, p. 115.

3. *Une infinité de machines.*

4. La médecine est d'autant plus importante qu'elle permet d'approfondir la connaissance du corps humain et de lutter contre les passions néfastes. **Voir Grandes thèses**, La maîtrise de la nature, p. 110.

5. *On pourrait s'affranchir.*

6. Descartes se défiait des remèdes artificiels.

avancé en connaissance. Car, pour le commencement, il vaut mieux ne se servir que de celles qui se présentent d'elles-mêmes à nos sens, et que nous ne saurions ignorer, pourvu que nous y fassions tant soit peu de réflexion, que d'en chercher de plus rares et étudiées[1] : dont la raison est que ces plus rares trompent souvent, lorsqu'on ne sait pas encore les causes des plus communes, et que les circonstances dont elles dépendent sont quasi toujours si particulières et si petites, qu'il est très malaisé de les remarquer. Mais l'ordre que j'ai tenu en ceci a été tel. Premièrement, j'ai tâché de trouver en général les principes, ou premières causes, de tout ce qui est, ou qui peut être, dans le monde, sans rien considérer, pour cet effet, que Dieu seul, qui l'a créé, ni les tirer d'ailleurs que de certaines semences de vérités qui sont naturellement en nos âmes[2]. Après cela, j'ai examiné quels étaient les premiers et plus ordinaires effets qu'on pouvait déduire de ces causes : et il me semble que, par là, j'ai trouvé des cieux, des astres, une Terre, et même, sur la Terre, de l'eau, de l'air, du feu, des minéraux, et quelques autres telles choses qui sont les plus communes de toutes et les plus simples, et par conséquent les plus aisées à connaître.

Puis, lorsque j'ai voulu descendre à celles qui étaient plus particulières, il s'en est tant présenté à moi de diverses, que je n'ai pas cru qu'il fût possible à l'esprit humain de distinguer les formes ou espèces de corps qui sont sur la terre[3] d'une infinité d'autres qui pourraient y être, si c'eût été le vouloir de Dieu de les y mettre, ni, par conséquent, de les rapporter à notre usage[4], si ce n'est qu'on vienne au-devant des causes par les effets, et qu'on se serve de plusieurs expériences particulières[5]. En suite de quoi, repassant mon esprit sur tous les objets qui s'étaient jamais présentés à mes sens, j'ose bien dire que je n'y ai remarqué aucune chose que je ne pusse assez commodément expliquer par les principes[6] que j'avais trouvés. Mais il faut aussi que j'avoue que la puissance de la Nature est si ample et si vaste, et que ces principes sont si simples et si généraux, que je ne remarque quasi plus aucun effet particulier, que d'abord je ne connaisse[7] qu'il peut en être déduit en plusieurs diverses façons, et que ma plus grande difficulté est d'ordinaire de trouver en laquelle de ces façons il en dépend.

Car à cela je ne sais point d'autre expédient[8], que de chercher derechef quelques expériences, qui

1. Descartes distingue le simple constat empirique et l'élaboration d'expériences complexes.

2. Il s'agit des principes innés des mathématiques, qui sont en nous avant même que nous ayons fait des expériences (exemple : l'idée d'étendue).

3. Les diverses sortes de corps chimiques.

4. *De rendre ces choses utilisables.*

5. Expériences instituées en vue d'étudier des phénomènes plus difficiles à observer.

6. C'est-à-dire les lois mécaniques du mouvement, qui rendent compte de tous les phénomènes qui se produisent dans la nature.

7. *Sans voir immédiatement.*

8. *Je ne connais pas d'autre moyen.*

soient telles, que leur événement[1] ne soit pas le même, si c'est en l'une de ces façons qu'on doit l'expliquer, que si c'est en l'autre[2]. Au reste, j'en suis maintenant là, que je vois, ce me semble, assez bien de quel biais on se doit prendre à faire la plupart de celles qui peuvent servir à cet effet ; mais je vois aussi qu'elles sont telles, et en si grand nombre, que ni mes mains, ni mon revenu, bien que j'en eusse mille fois plus que je n'en ai, ne sauraient suffire pour toutes, en sorte que, selon que j'aurai désormais la commodité d'en faire plus ou moins, j'avancerai aussi plus ou moins en la connaissance de la Nature. Ce que je me promettais de faire connaître, par le traité que j'avais écrit, et d'y montrer si clairement l'utilité que le public en peut recevoir, que j'obligerais tous ceux qui désirent en général le bien des hommes, c'est-à-dire tous ceux qui sont en effet vertueux, et non point par faux semblant, ni seulement par opinion[3], tant à me communiquer celles qu'ils ont déjà faites, qu'à m'aider en la recherche de celles qui restent à faire.

Mais j'ai eu, depuis ce temps-là, d'autres raisons qui m'ont fait changer d'opinion, et penser que je devais véritablement continuer d'écrire toutes les choses que je jugerais de quelque importance, à mesure que j'en découvrirais la vérité, et y apporter le même soin que si je les voulais faire imprimer : tant afin d'avoir d'autant plus d'occasion de les bien examiner, comme sans doute on regarde toujours de plus près à ce qu'on croit devoir être vu par plusieurs, qu'à ce qu'on ne fait que pour soi-même, et souvent les choses qui m'ont semblé vraies, lorsque j'ai commencé à les concevoir, m'ont paru fausses lorsque je les ai voulu mettre sur le papier ; qu'afin de ne perdre aucune occasion de profiter au public, si j'en suis capable, et que, si mes écrits valent quelque chose, ceux qui les auront après ma mort en puissent user ainsi qu'il sera le plus à propos ; mais que je ne devais aucunement consentir qu'ils fussent publiés pendant ma vie, afin que ni les oppositions et controverses[4], auxquelles ils seraient peut-être sujets, ni même la réputation telle quelle[5], qu'ils me pourraient acquérir, ne me donnassent aucune occasion de perdre le temps que j'ai dessein d'employer à m'instruire. Car, bien qu'il soit vrai que chaque homme est obligé de procurer, autant qu'il est en lui, le bien des autres, et que c'est proprement ne valoir rien que de n'être utile à personne, toutefois il est vrai aussi que nos

1. *Que leur résultat.*

2. Lorsque deux déductions rationnelles sont également possibles, l'expérience doit permettre de les départager (notion d'« expérience cruciale »).

3. *En paroles.*

4. Pour Descartes, un climat de paix est nécessaire à tout progrès de la pensée.

5. *Quelle qu'elle puisse être.*

soins se doivent étendre plus loin que le temps présent, et qu'il est bon d'omettre les choses qui apporteraient peut-être quelque profit à ceux qui vivent, lorsque c'est à dessein d'en faire d'autres qui en apportent davantage à nos neveux[1].

Comme, en effet, je veux bien qu'on sache que le peu que j'ai appris jusqu'ici n'est presque rien, à comparaison de ce que j'ignore, et que je ne désespère pas de pouvoir apprendre ; car c'est quasi le même de ceux qui découvrent peu à peu la vérité dans les sciences, que de ceux qui, commençant à devenir riches, ont moins de peine à faire de grandes acquisitions, qu'ils n'ont eu auparavant, étant plus pauvres, à en faire de beaucoup moindres. Ou bien on peut les comparer aux chefs d'armée, dont les forces ont coutume de croître à proportion de leurs victoires, et qui ont besoin de plus de conduite[2], pour se maintenir après la perte d'une bataille, qu'ils n'ont, après l'avoir gagnée, à prendre des villes et des provinces. Car c'est véritablement donner des batailles que de tâcher à vaincre toutes les difficultés et les erreurs qui nous empêchent de parvenir à la connaissance de la vérité, et c'est en perdre une que de recevoir quelque fausse opinion touchant une matière un peu générale et importante ; il faut, après, beaucoup plus d'adresse, pour se remettre au même état qu'on était auparavant, qu'il ne faut à faire de grands progrès, lorsqu'on a déjà des principes qui sont assurés.

Pour moi, si j'ai ci-devant trouvé quelques vérités dans les sciences (et j'espère que les choses qui sont contenues en ce volume[3] feront juger que j'en ai trouvé quelques-unes), je puis dire que ce ne sont que des suites et des dépendances de cinq ou six principales difficultés que j'ai surmontées, et que je compte pour autant de batailles où j'ai eu l'heur de mon côté[4]. Même je ne craindrai pas de dire que je pense n'avoir plus besoin d'en gagner que deux ou trois autres semblables pour venir entièrement à bout de mes desseins ; et que mon âge n'est point si avancé[5] que, selon le cours ordinaire de la Nature, je ne puisse encore avoir assez de loisir pour cet effet. Mais je crois être d'autant plus obligé à ménager le temps qui me reste que j'ai plus d'espérance de le pouvoir bien employer ; et j'aurais sans doute plusieurs occasions de le perdre, si je publiais les fondements de ma Physique[6]. Car, encore qu'ils soient presque tous si évidents,

1. *À nos descendants.*

2. *De plus d'habileté.*

3. Les traités scientifiques qui suivent le *Discours*, à savoir *la Dioptrique, les Météores* et *la Géométrie*. Voir la note 3, p. 57.

4. *La chance de mon côté.*

5. Descartes a alors 41 ans.

6. Descartes s'est contenté en effet de résumer le contenu de son *Traité du monde*.

qu'il ne faut que les entendre pour les croire, et qu'il n'y en ait aucun dont je ne pense pouvoir donner des démonstrations, toutefois, à cause qu'il est impossible qu'ils soient accordants avec toutes les diverses opinions des autres hommes, je prévois que je serais souvent diverti par les oppositions qu'ils feraient naître[1].

On peut dire que ces oppositions seraient utiles, tant afin de me faire connaître mes fautes qu'afin que, si j'avais quelque chose de bon, les autres en eussent par ce moyen plus d'intelligence, et, comme plusieurs peuvent plus voir qu'un homme seul, que commençant dès maintenant à s'en servir, ils m'aidassent aussi de leurs inventions. Mais, encore que je me reconnaisse extrêmement sujet à faillir, et que je ne me fie quasi jamais aux premières pensées qui me viennent, toutefois l'expérience que j'ai des objections qu'on me peut faire m'empêche d'en espérer aucun profit : car j'ai déjà souvent éprouvé les jugements[2], tant de ceux que j'ai tenus pour mes amis, que de quelques autres à qui je pensais être indifférent, et même aussi de quelques-uns dont je savais que la malignité[3] et l'envie tâcheraient assez à découvrir[4] ce que l'affection cacherait à mes amis ; mais il est rarement arrivé qu'on m'ait objecté quelque chose que je n'eusse point du tout prévue, si ce n'est qu'elle fût fort éloignée de mon sujet ; en sorte que je n'ai quasi jamais rencontré aucun censeur de mes opinions qui ne me semblât ou moins rigoureux, ou moins équitable que moi-même. Et je n'ai jamais remarqué non plus que, par le moyen des disputes qui se pratiquent dans les écoles, on ait découvert aucune vérité qu'on ignorât auparavant[5], car, pendant que chacun tâche de vaincre, on s'exerce bien plus à faire valoir la vraisemblance qu'à peser les raisons de part et d'autre ; et ceux qui ont été longtemps bons avocats ne sont pas pour cela, par après, meilleurs juges.

Pour l'utilité que les autres recevaient de la communication de mes pensées, elle ne pourrait aussi être fort grande, d'autant que je ne les ai point encore conduites si loin, qu'il ne soit besoin d'y ajouter beaucoup de choses avant que de les appliquer à l'usage[6]. Et je pense pouvoir dire, sans vanité, que, s'il y a quelqu'un qui en soit capable, ce doit être plutôt moi qu'aucun autre : non pas qu'il ne puisse y avoir au monde plusieurs esprits incomparablement meilleurs que le mien ; mais pource qu'on ne saurait si bien concevoir une chose, et la rendre

1. Descartes pense que s'il publiait les fondements de sa physique, maintes querelles viendraient le détourner de ses recherches scientifiques.

2. Descartes n'ayant encore rien publié, il s'agit sans doute des critiques que lui ont adressées ses correspondants.

3. *La méchanceté.*

4. *À révéler.*

5. Pour Descartes, les disputes auxquelles se livrent les scolastiques sont purement formelles, donc stériles.

6. *Avant de les mettre en pratique.*

sienne, lorsqu'on l'apprend de quelque autre, que lorsqu'on l'invente soi-même[1]. Ce qui est si véritable en cette matière, que, bien que j'aie souvent expliqué quelques-unes de mes opinions à des personnes de très bon esprit, et qui, pendant que je leur parlais, semblaient les entendre fort distinctement, toutefois, lorsqu'ils les ont redites, j'ai remarqué qu'ils les ont changées presque toujours en telle sorte que je ne les pouvais plus avouer pour miennes. À l'occasion de quoi je suis bien aise de prier ici nos neveux[2] de ne croire jamais que les choses qu'on leur dira viennent de moi, lorsque je ne les aurai point moi-même divulguées. Et je ne m'étonne aucunement des extravagances qu'on attribue à tous ces anciens philosophes dont nous n'avons point les écrits, ni ne juge pas, pour cela, que leurs pensées aient été fort déraisonnables, vu qu'ils étaient des meilleurs esprits de leurs temps, mais seulement qu'on nous les a mal rapportées.

Comme on voit aussi que presque jamais il n'est arrivé qu'aucun de leurs sectateurs les ait surpassés ; et je m'assure[3] que les plus passionnés de ceux qui suivent maintenant Aristote[4] se croiraient heureux, s'ils avaient autant de connaissance de la nature qu'il en a eu, encore même que ce fût à condition qu'ils n'en auraient jamais davantage. Ils sont comme le lierre, qui ne tend point à monter plus haut que les arbres qui le soutiennent, et même souvent qui redescend, après qu'il est parvenu jusques à leur faîte ; car il me semble aussi que ceux-là redescendent, c'est-à-dire se rendent en quelque façon moins savants que s'ils s'abstenaient d'étudier, lesquels, non contents de savoir tout ce qui est intelligiblement expliqué dans leur auteur, veulent, outre cela, y trouver la solution de plusieurs difficultés, dont il ne dit rien et auxquelles il n'a peut-être jamais pensé. Toutefois, leur façon de philosopher est fort commode, pour ceux qui n'ont que des esprits fort médiocres ; car l'obscurité des distinctions et des principes dont ils se servent est cause qu'ils peuvent parler de toutes choses aussi hardiment que s'ils les savaient, et soutenir tout ce qu'ils en disent contre les plus subtils et les plus habiles, sans qu'on ait moyen de les convaincre[5].

En quoi ils me semblent pareils à un aveugle qui, pour se battre sans désavantage contre un qui voit, l'aurait fait venir dans le fond de quelque cave fort obscure ; et je puis dire que ceux-ci ont intérêt que je m'abstienne de

1. **Voir Problématiques essentielles**, Le refus de l'argument d'autorité, p. 19.

2. *Nos descendants.*

3. *Je suis convaincu.*

4. Descartes rend d'une certaine façon hommage à Aristote ; ce n'est pas tant sa philosophie qu'il blâme, mais celle que divulguent ses disciples plusieurs siècles après lui. **Voir Problématiques essentielles**, Le refus de l'argument d'autorité, p. 000.

5. Descartes vise bien évidemment les scolastiques, qui ont l'art d'embrouiller leurs auditeurs afin de paraître plus savants.

publier les principes de la philosophie dont je me sers, car étant très simples et très évidents, comme ils sont, je ferais quasi le même, en les publiant, que si j'ouvrais quelques fenêtres, et faisais entrer du jour dans cette cave, où ils sont descendus pour se battre[1]. Mais même les meilleurs esprits n'ont pas occasion de souhaiter de les connaître : car, s'ils veulent savoir parler de toutes choses et acquérir la réputation d'être doctes, ils y parviendront plus aisément en se contentant de la vraisemblance, qui peut être trouvée sans grande peine en toutes sortes de matières, qu'en cherchant la vérité, qui ne se découvre que peu à peu en quelques-unes, et qui, lorsqu'il est question de parler des autres, oblige à confesser franchement qu'on les ignore[2]. Que s'ils préfèrent la connaissance de quelque peu de vérités à la vanité de paraître n'ignorer rien, comme sans doute elle est bien préférable, et qu'ils veuillent suivre un dessein semblable au mien, ils n'ont pas besoin, pour cela, que je leur dise rien davantage que ce que j'ai dit en ce discours.

Car, s'ils sont capables de passer plus outre que je n'ai fait, ils le seront aussi, à plus forte raison, de trouver d'eux-mêmes tout ce que je pense avoir trouvé. D'autant que, n'ayant jamais rien examiné que par ordre, il est certain que ce qui me reste encore à découvrir, est de soi plus difficile et plus caché que ce que j'ai pu ci-devant rencontrer, et ils auraient bien moins de plaisir à l'apprendre de moi que d'eux-mêmes ; outre que l'habitude qu'ils acquerront, en cherchant premièrement des choses faciles, et passant peu à peu par degrés à d'autres plus difficiles, leur servira plus que toutes mes instructions ne sauraient faire. Comme, pour moi, je me persuade que, si on m'eût enseigné, dès ma jeunesse, toutes les vérités dont j'ai cherché depuis les démonstrations, et que je n'eusse eu aucune peine à les apprendre, je n'en aurais peut-être jamais su aucune autre, et du moins que jamais je n'aurais acquis l'habitude et la facilité, que je pense avoir, d'en trouver toujours de nouvelles, à mesure que je m'applique à les chercher. Et en un mot, s'il y a au monde quelque ouvrage qui ne puisse être si bien achevé par aucun autre que par le même qui l'a commencé, c'est celui auquel je travaille.

Il est vrai que, pour ce qui est des expériences qui peuvent y servir, un homme seul ne saurait suffire à les faire toutes ; mais il n'y saurait aussi employer utilement d'autres

1. Descartes pense, à juste titre, que les principes de sa philosophie pourraient ruiner ceux de la scolastique.

2. La vérité exige de la modestie. **Voir Problématiques essentielles**, Le refus de l'argument d'autorité, p. 19.

mains que les siennes, sinon celles des artisans, ou telles gens qu'il pourrait payer, et à qui l'espérance du gain, qui est un moyen très efficace, ferait faire exactement toutes les choses qu'il leur prescrirait. Car, pour les volontaires, qui, par curiosité ou désir d'apprendre, s'offriraient peut-être de lui aider, outre qu'ils ont pour l'ordinaire plus de promesses que d'effet[1], et qu'ils ne font que de belles propositions dont aucune jamais ne réussit, ils voudraient infailliblement être payés par l'explication de quelques difficultés, ou du moins par des compliments et des entretiens inutiles qui ne lui sauraient coûter si peu de son temps qu'il n'y perdît. Et pour les expériences que les autres ont déjà faites, quand bien même ils les lui voudraient communiquer, ce que ceux qui les nomment des secrets[2] ne feraient jamais, elles sont, pour la plupart, composées de tant de circonstances, ou d'ingrédients superflus, qu'il lui serait très malaisé d'en déchiffrer la vérité ; outre qu'il les trouverait presque toutes si mal expliquées, ou même si fausses, à cause que ceux qui les ont faites se sont efforcés de les faire paraître conformes à leurs principes, que, s'il y en avait quelques-unes qui lui servissent, elles ne pourraient derechef valoir le temps qu'il lui faudrait employer à les choisir. De façon que, s'il y avait au monde quelqu'un, qu'on sût assurément être capable de trouver les plus grandes choses et les plus utiles au public qui puissent être, et que, pour cette cause, les autres hommes s'efforçassent, par tous moyens, de l'aider à venir à bout de ses desseins, je ne vois pas qu'ils pussent autre chose pour lui sinon fournir aux frais des expériences dont il aurait besoin, et du reste empêcher que son loisir ne lui fût ôté par l'importunité de personne. Mais, outre que je ne présume pas tant de moi-même, que de vouloir rien promettre d'extraordinaire, ni ne me repais point de pensées si vaines, que de m'imaginer que le public se doive beaucoup intéresser en mes desseins, je n'ai pas aussi l'âme si basse que je voulusse accepter de qui que ce fût aucune faveur, qu'on pût croire que je n'aurais pas méritée[3].

Toutes ces considérations jointes ensemble furent cause, il y a trois ans[4], que je ne voulus point divulguer le traité que j'avais entre les mains, et même que je fus en résolution de n'en faire voir aucun autre, pendant ma vie, qui fût si général, ni duquel on pût entendre les fondements de ma physique. Mais il y a eu depuis derechef deux autres raisons, qui m'ont obligé à mettre ici

1. *Outre qu'ils promettent habituellement beaucoup plus qu'ils ne font.*

2. Descartes fait allusion aux chimistes de son époque et à certains mathématiciens, qui gardaient leurs découvertes secrètes, ne jugeant pas utile de les communiquer au public.

3. Descartes évoque l'indigence du savant, et son propre désir d'indépendance intellectuelle.

4. C'est-à-dire en novembre 1634. Voir la note 2, p. 65.

quelques essais particuliers[1], et à rendre au public quelque compte de mes actions et de mes desseins. La première est que, si j'y manquais, plusieurs, qui ont su l'intention que j'avais eue ci-devant de faire imprimer quelques écrits, pourraient s'imaginer que les causes pour lesquelles je m'en abstiens seraient plus à mon désavantage qu'elles ne sont. Car, bien que je n'aime pas la gloire par excès, ou même, si je l'ose dire, que je la haïsse, en tant que je la juge contraire au repos, lequel j'estime sur toutes choses[2], toutefois aussi je n'ai jamais tâché de cacher mes actions comme des crimes, ni n'ai usé de beaucoup de précautions pour être inconnu[3], tant à cause que j'eusse cru me faire tort, qu'à cause que cela m'aurait donné quelque espèce d'inquiétude, qui eût derechef été contraire au parfait repos d'esprit que je cherche.

Et pource que, m'étant toujours ainsi tenu indifférent entre le soin d'être connu ou ne l'être pas, je n'ai pu empêcher que je n'acquisse quelque sorte de réputation, j'ai pensé que je devais faire mon mieux pour m'exempter au moins de l'avoir mauvaise. L'autre raison, qui m'a obligé à écrire ceci, est que, voyant tous les jours de plus en plus le retardement que souffre le dessein que j'ai de m'instruire, à cause d'une infinité d'expériences dont j'ai besoin, et qu'il est impossible que je fasse sans l'aide d'autrui, bien que je ne me flatte pas tant que d'espérer que le public[4] prenne grande part en mes intérêts, toutefois je ne veux pas aussi me défaillir[5] tant à moi-même, que de donner sujet à ceux qui me survivront de me reprocher quelque jour que j'eusse pu leur laisser plusieurs choses beaucoup meilleures que je n'aurai fait, si je n'eusse point trop négligé de leur faire entendre en quoi ils pouvaient contribuer à mes desseins.

Et j'ai pensé qu'il m'était aisé de choisir quelques matières qui, sans être sujettes à beaucoup de controverses, ni m'obliger à déclarer davantage de mes principes que je ne désire, ne laisseraient pas de faire voir assez clairement ce que je puis, ou ne puis pas, dans les sciences. En quoi je ne saurais dire si j'ai réussi, et je ne veux point prévenir les jugements de personne, en parlant moi-même de mes écrits ; mais je serai bien aise qu'on les examine, et afin qu'on en ait d'autant plus d'occasion, je supplie tous ceux qui auront quelques objections à y faire de prendre la peine de les envoyer à mon libraire[6], par lequel en étant averti, je tâcherai d'y joindre ma réponse

1. *La Dioptrique, les Météores* et *la Géométrie.*

2. *Lequel j'estime par-dessus tout.*

3. Cela est inexact. Le *Discours*, par exemple, paraîtra sans nom d'auteur.

4. L'État ou le grand public, susceptibles d'appuyer Descartes, que ce soit financièrement ou intellectuellement.

5. *Me desservir.*

6. Jean Maire, le libraire qui s'occupait de la publication du *Discours.*

en même temps[1] ; et par ce moyen les lecteurs, voyant ensemble l'un et l'autre, jugeront d'autant plus aisément de la vérité. Car je ne promets pas d'y faire jamais de longues réponses, mais seulement d'avouer mes fautes fort franchement, si je les connais, ou bien, si je ne les puis apercevoir, de dire simplement ce que je croirai être requis pour la défense des choses que j'ai écrites, sans y ajouter l'explication d'aucune nouvelle matière afin de ne me pas engager sans fin de l'une en l'autre.

Que si quelques-unes de celles dont j'ai parlé, au commencement de la *Dioptrique* et des *Météores*, choquent d'abord, à cause que je les nomme des suppositions, et que je ne semble pas avoir envie de les prouver, qu'on ait la patience de lire le tout avec attention, et j'espère qu'on s'en trouvera satisfait. Car il me semble que les raisons s'y entre-suivent en telle sorte que, comme les dernières sont démontrées par les premières, qui sont leurs causes, ces premières le sont réciproquement par les dernières, qui sont leurs effets. Et on ne doit pas imaginer que je commette en ceci la faute que les logiciens nomment un cercle[2], car l'expérience rendant la plupart de ces effets très certains, les causes dont je les déduis ne servent pas tant à les prouver qu'à les expliquer ; mais, tout au contraire, ce sont elles qui sont prouvées par eux. Et je ne les ai nommées des suppositions qu'afin qu'on sache que je pense les pouvoir déduire de ces premières vérités que j'ai ci-dessus expliquées, mais que j'ai voulu expressément ne le pas faire, pour empêcher que certains esprits, qui s'imaginent qu'ils savent en un jour tout ce qu'un autre a pensé en vingt années, sitôt qu'il leur en a seulement dit deux ou trois mots, et qui sont d'autant plus sujets à faillir, et moins capables de la vérité, qu'ils sont plus pénétrants et plus vifs, ne puissent de là prendre occasion de bâtir quelque philosophie extravagante sur ce qu'ils croiront être mes principes, et qu'on m'en attribue la faute. Car, pour les opinions, qui sont toutes miennes, je ne les excuse point comme nouvelles, d'autant que, si on en considère bien les raisons, je m'assure qu'on les trouvera si simples et si conformes au sens commun qu'elles sembleront moins extraordinaires, et moins étranges, qu'aucunes autres qu'on puisse avoir sur mêmes sujets. Et je ne me vante point d'être le premier inventeur d'aucunes, mais bien que je ne les ai jamais reçues, ni parce qu'elles avaient été dites par d'autres, ni parce qu'elles ne

1. Ce projet ne se réalisera que pour les *Méditations métaphysiques* (1641), dont le texte est accompagné d'un certain nombre d'objections et des réponses de Descartes.

2. *Un cercle vicieux, un défaut de raisonnement.*

l'avaient point été, mais seulement parce que la raison me les a persuadées.

Que si les artisans ne peuvent si tôt exécuter l'invention qui est expliquée en la *Dioptrique*[1], je ne crois qu'on puisse dire, pour cela, qu'elle soit mauvaise : car d'autant qu'il faut de l'adresse et de l'habitude, pour faire et pour ajuster les machines que j'ai décrites, sans qu'il y manque aucune circonstance[2], je ne m'étonnerais pas moins, s'ils rencontraient[3] du premier coup, que si quelqu'un pouvait apprendre, en un jour, à jouer du luth excellemment, par cela seul qu'on lui aurait donné de la tablature[4] qui serait bonne. Et si j'écris en français[5], qui est la langue de mon pays, plutôt qu'en latin, qui est celle de mes précepteurs, c'est à cause que j'espère que ceux qui ne se servent que de leur raison naturelle toute pure[6] jugeront mieux de mes opinions que ceux qui ne croient qu'aux livres anciens. Et pour ceux qui joignent le bon sens avec l'étude, lesquels seuls je souhaite pour mes juges, ils ne seront point, je m'assure, si partiaux pour le latin, qu'ils refusent d'entendre mes raisons, parce que je les explique en langue vulgaire.

Au reste, je ne veux point parler ici, en particulier, des progrès que j'ai espérance de faire à l'avenir dans les sciences, ni m'engager envers le public d'aucune promesse que je ne sois pas assuré d'accomplir ; mais je dirai seulement que j'ai résolu de n'employer le temps qui me reste à vivre à autre chose qu'à tâcher d'acquérir quelque connaissance de la Nature, qui soit telle qu'on en puisse tirer des règles pour la médecine, plus assurées que celles qu'on a eues jusques à présent, et que mon inclination m'éloigne si fort de toute sorte d'autres desseins, principalement de ceux qui ne sauraient être utiles aux uns qu'en nuisant aux autres, que, si quelques occasions me contraignaient de m'y employer, je ne crois point que je fusse capable d'y réussir. De quoi je fais ici une déclaration, que je sais bien ne pouvoir servir à me rendre considérable dans le monde, mais aussi n'ai-je aucunement envie de l'être ; et je me tiendrai toujours plus obligé à ceux par la faveur desquels je jouirai sans empêchement de mon loisir, que je ne ferais à ceux qui m'offriraient les plus honorables emplois de la terre.

1. Descartes y explique la façon de tailler les verres.

2. *Aucune précision.*

3. *S'ils réussissaient.*

4. *Une partition.*

5. **Voir Brève histoire de l'œuvre**, p. 17.

6. Le bon sens, en tant qu'il n'a pas été corrompu par la scolastique. **Voir Concepts clés**, le bon sens, p. 92.

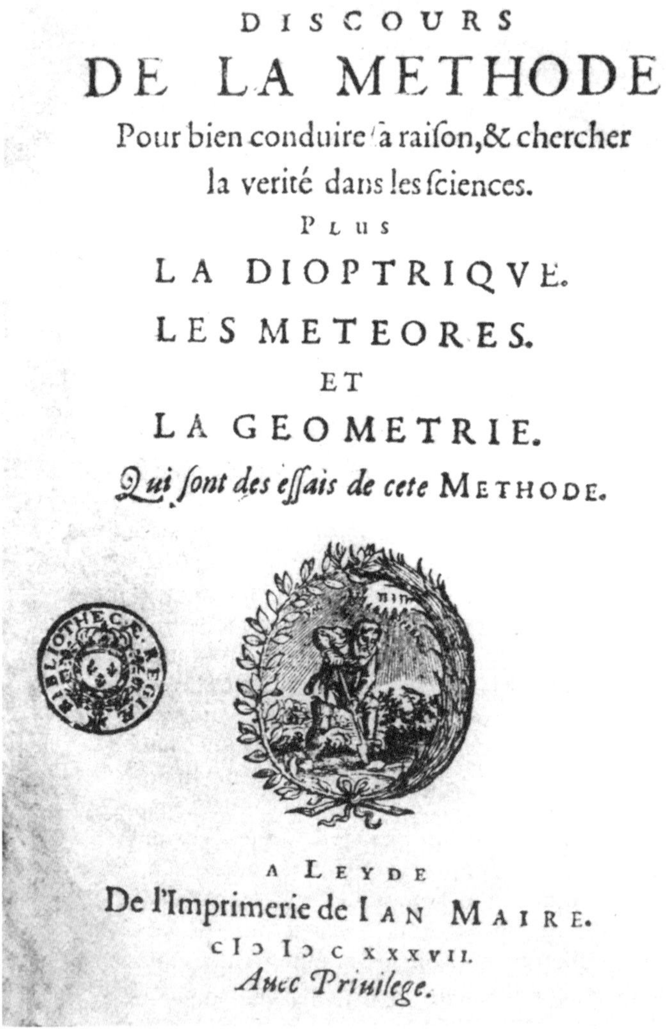

DISCOURS

DE LA METHODE

Pour bien conduire la raiſon, & chercher
la verité dans les ſciences.

PLUS

LA DIOPTRIQVE.

LES METEORES.

ET

LA GEOMETRIE.

Qui ſont des eſſais de cete METHODE.

A LEYDE

De l'Imprimerie de IAN MAIRE.

CIϽ IϽ C XXXVII.

Avec Privilege.

Frontispice du Discours de la méthode, *publié à Leyde en 1637 sans nom d'auteur, B.N.*

C'est le premier texte de philosophie qui paraît d'abord en français. Descartes s'adresse explicitement au grand public, et ne réserve pas ses découvertes aux docteurs de la Sorbonne.

Dossier

Concepts clés

le bon sens

Voir **Première partie**, pp. 38-39

Déçu par l'enseignement scolastique qu'il a reçu à La Flèche, Descartes fait appel au bon sens de chacun afin d'effectuer par soi-même une véritable traversée des apparences. Désormais, penser, ce ne sera plus apprendre, mais entendre ce que nous dicte notre raison, qui possède sa propre logique. Car si « le bon sens est la chose du monde la mieux partagée », il nous incombe « de l'appliquer bien [1] ».

1. Comment bien user de son bon sens ?

Qu'est-ce que le bon sens ? Loin de n'être que la sagesse populaire dont les dictons font état, le bon sens est à comprendre ici comme la lumière naturelle ou la raison. Il s'agit de la faculté de connaître que Dieu nous a donnée, selon laquelle ce que nous percevons est vrai. C'est en quoi, dit Descartes, « il n'est pas vraisemblable que tous [*les hommes*] se trompent [2] ». Dieu ne peut pas nous avoir induits en erreur, et n'est donc pas responsable de nos fautes de jugement. Car l'origine de l'erreur est bien le mauvais jugement : « la diversité de nos opinions [3] » n'est pas due à l'inégale répartition de la raison parmi les hommes, mais à l'usage que chacun fait de sa raison. Le philosophe est le guide de ces hommes, auxquels il doit apprendre une seule et unique méthode, pour qu'ils fassent bon usage de leur bon sens.

« Distinguer le vrai d'avec le faux » n'est pas en effet le privilège des « grandes âmes », mais de ceux qui agissent avec méthode et sans précipitation. Car la source du mauvais jugement ou de l'erreur est l'attitude de « ceux qui courent » et qui s'« éloignent [4] » d'autant plus de la vérité. Le bon sens ne nécessite donc aucun recours au savoir ou à l'érudition ; il requiert avant tout de la patience et de la réflexion. Descartes distingue l'esprit (composé de la mémoire et de l'imagination) de la raison (qui est susceptible d'être dirigée par une méthode d'action). C'est dire qu'il peut y avoir une inégalité des esprits (selon le degré de notre imagination et la fiabilité de notre mémoire), mais non des raisons, qui ne connaissent quant à elles aucun degré.

1. *Discours de la méthode*, p. 38.
2. *Ibid.*
3. *Ibid.*
4. *Op. cit., p. 39.*

2. Le bon sens, caractéristique essentielle de l'homme

C'est parce que nous avons plus ou moins d'esprit que nous sommes plus ou moins dans l'erreur ou dans le « droit chemin [1] » ; mais c'est aussi parce que nous avons tous une raison égale que nous sommes tous aussi aptes les uns que les autres à acquérir la méthode cartésienne. Descartes rejoint ici l'avis des scolastiques, pour qui seuls les « accidents » connaissent une différence de degrés, c'est-à-dire les propriétés d'un homme qui ne sont pas essentielles à la caractéristique d'homme (je peux être un élève plus ou moins bon, mais je ne peux pas être plus ou moins homme). En quoi « les formes » ne sont pas mesurables, car elles sont notre nature propre (le fait d'être un homme). L'humanisme de Descartes réside dans la volonté de rapporter la sagesse au domaine humain par excellence : celui du jugement.

le doute

Voir **Troisième partie**, pp. 56-57

et **Quatrième partie**, pp. 58-59

1. Un doute volontaire et méthodique

On ne saurait comprendre l'intention de Descartes si l'on ne saisit pas la nature du doute dont il fait usage. Radicalement opposé à l'usage démesuré, voire illimité, qu'en ont fait les sceptiques, Descartes ne se laisse pas prendre au piège de son propre doute : « [...] je réputais presque pour faux tout ce qui n'était que vraisemblable [2] ». C'est dire que dans le *Discours*, il s'agit d'un doute éminemment sélectif, en tant qu'instrument de la science. Il est le critère de la vérité scientifique, et non une angoisse vertigineuse et existentielle.

Si les sceptiques « ne doutent que pour douter, et affectent d'être toujours irrésolus [3] », Descartes, quant à lui, est bien conscient que vivre et être irrésolu sont incompatibles. Il n'est question pour lui que d'un doute contrôlé, ou du moins volontaire, et qui connaît par avance à quoi il se destine. Il ne s'agit en effet pas seulement de « rejeter la terre mouvante et le sable » qui fondaient notre savoir, mais surtout de « trouver le roc ou l'argile [4] ». Contrairement aux sceptiques, Descartes ne souffre pas de ce qu'il doute de tout ; car il sait qu'il

1. *Discours de la méthode*, p. 39.
2. *Op. cit.*, p. 43.
3. *Op. cit.*, p. 57.
4. *Ibid.*

doute, et que lui-même résiste à ce doute. Il ne croit pas que l'existence du monde soit douteuse ; il fait mine de le penser afin de mieux mettre en évidence certaines vérités. Ce dont nous devons nous débarrasser, ce n'est pas de l'illusion qui nous fait croire en l'existence des choses extérieures (ainsi que de nous-mêmes), mais de l'habitude, qui nous fait agir par réflexe plus que par réflexion.

Ainsi, lorsque Descartes décide de douter, c'est toujours au moyen d'une méthode mathématique, « par des raisonnements clairs et assurés [1] ». On ne détruit pas toute chose pour le plaisir de détruire, on ne démolit que ce qui est mal fondé ; et le doute ne sert qu'à prouver qu'une opinion était infondée, ouvrant ainsi la voie à une opinion véritable ou conforme à la réalité. Nous voyons en quoi l'entreprise cartésienne du doute est paradoxale : c'est précisément le doute qui tend à fonder une philosophie de la certitude. La démolition renforce la reconstruction, là où les sceptiques s'étaient contentés de déconstruire. Descartes est celui qui guérit le mal par le mal, c'est-à-dire celui qui se soigne du doute par le doute ; ce qui était la plus sûre façon d'arriver à bout du doute et de l'incertitude propres à la physique scolastique.

2. Le doute comme moyen d'accéder à la vérité

Au début de la quatrième partie du *Discours*, Descartes explicite la finalité de ce doute, soucieux de ce que son public ne confonde pas le doute radical et le doute mesuré du philosophe. Il ne s'agit pas de verser dans le cynisme absolu, mais de « vaquer seulement à la recherche de la vérité [2] ». En rejetant tout ce que nous considérons « comme absolument faux », il ne peut rester que quelque chose qui est « entièrement indubitable [3] ». Ce que le doute méthodique met en avant, c'est que la vérité est bien le résidu d'un travail critique de la pensée, et non un fait immédiatement donné et antérieur à notre recherche. En d'autres termes, le doute trouve sa justification en ce que la vérité se mérite ; elle n'existe pas déjà, elle s'éprouve.

Et nous ne pouvons éprouver cette vérité que si nous jouons le jeu du doute : « [...] je me résolus de feindre que toutes les choses qui m'étaient jamais entrées en l'esprit n'étaient non plus vraies que les illusions de mes songes [4] ». C'est parce que nos sens sont trompeurs qu'il ne faut pas se fier à ce qu'ils nous ont habitués à croire. Si je regarde la Lune, elle m'apparaît petite et comme pouvant tenir dans le creux de ma main. Seules les démonstrations mathématiques me font voir qu'en réalité, la Lune a une superficie mille fois plus grande. Quel que soit l'objet du doute, il est une seule chose qui lui résiste et qui demeure certain : moi-même, qui suis l'auteur du doute. Le doute n'est pas une personne, et il ne peut fonctionner tout seul : « Je pense, donc je suis » sont deux vérités qui s'articulent de manière simultanée. (Voir **Grandes thèses**, « Je pense, donc je suis », p. 100.)

1. *Discours de la méthode*, p. 57.
2. *Op. cit.*, p. 58.
3. *Op. cit.*, p. 59.
4. *Ibid.*

la vérité

Voir **Quatrième partie**, pp. 59-60 et p. 63

1. La pensée possède en elle-même le critère de la vérité

Les quatre règles de la méthode (voir **Problématiques essentielles**, Sans méthode, point de connaissance certaine, p. 24) ne constituent pas à elles seules une philosophie, elles ne sont qu'une étape propédeutique à la vérité. La vertu de la méthode est qu'elle est la condition de possibilité pour que le vrai nous apparaisse. Curieusement, c'est au terme d'un détour effectué par la méthode que Descartes pense la vérité en termes d'évidence : il ne s'agit donc pas de l'opinion immédiate qui affirme sans rien remettre en question. La vérité est une évidence intellectuelle, c'est-à-dire seconde. C'est de manière résiduelle qu'elle doit nous apparaître comme évidente ; et ce travail de mise en évidence nous incombe.

Se soucier de « ce qui est requis à une proposition pour être vraie et certaine [1] », c'est en effet se préoccuper du critère de la vérité. Si Descartes témoigne que sa confiance dans les dires d'autrui a été mise à mal, c'est que l'esprit a su dépasser la confiance naïve dans le sensible (le donné). Il pose ainsi la nécessité de juger du vrai par soi-même. « Pour penser, il faut être » : s'il ne peut y avoir de vérité dans le doute permanent, c'est que celle-ci n'a d'intérêt que pour la conscience qui la recherche. C'est en vertu d'une conscience qu'il y a de la vérité, et non pas en soi, comme de manière absolue.

Aussi Descartes prend-il « pour règle générale que les choses que nous concevons fort clairement et fort distinctement sont toutes vraies [2] ». S'il ne s'agit pas de découvrir une vérité cachée ou antérieure à notre recherche à son sujet, c'est qu'elle réside en nous-mêmes. Descartes s'arroge ici le droit de supposer l'idée d'une vérité innée (en nous). En d'autres termes, nous sommes juges de la vérité ou de la fausseté d'une affirmation. La vérité cartésienne est proprement subjective. De la vérité, nous ne pouvons certes pas dire ce que bon nous semble, ni ce qu'il convient à chacun d'affirmer ; mais nous détenons en nous le critère de la vérité : la clarté et la distinction d'une idée.

1. *Discours de la méthode*, p. 59.
2. *Op. cit.*, p. 60.

2. Dieu, fondement ultime de la vérité

Toutefois la clarté et la distinction ne suffisent pas à nous garantir la vérité d'une affirmation. Ce qui fonde réellement la vérité, c'est l'existence même de Dieu : le clair et le distinct ne sont assurés « qu'à cause que Dieu est ou existe, et qu'il est un être parfait, et que tout ce qui est en nous vient de lui [1] ». Dieu est un être absolument parfait ; or toutes nos idées viennent de lui ; donc, nos idées sont vraies (voir **Grandes thèses**, La perfection divine garantit la vérité de nos connaissances, p. 104). Dieu n'est pas responsable de nos erreurs ; ces dernières proviennent de ce que nous prenons pour des idées distinctes des idées qui sont le plus souvent encore confuses. Dieu est l'auteur de nos idées claires et distinctes, non de nos idées confuses. Si l'homme est une créature à l'image de Dieu, il n'en est que le reflet imparfait. Ainsi, la vérité est toujours pour l'homme ce dont l'idée comporte une telle évidence qu'on ne peut qu'y consentir.

Le vrai et le critère du vrai résident dans la pensée. Ce n'est plus, comme chez les scolastiques, dans l'adéquation de la pensée à l'objet extérieur que réside la vérité. Est vrai non pas ce qui nous semble évident de manière immédiate, mais ce qui ne fait plus aucun doute pour notre esprit. Cette certitude n'est atteinte qu'au terme d'un effort de la pensée pour discerner la clarté réelle de la clarté apparente, encore confuse.

la connaissance

Voir **Troisième partie**, pp. 53-54 et pp. 55-56

1. Distinguer le domaine de l'entendement et le domaine de la volonté

Connaître, pour Descartes, ce n'est pas avoir une idée à propos de quelque chose plutôt que de ne pas en avoir, mais c'est avant tout un savoir-faire : il s'agit de maintenir un équilibre habile entre notre entendement – qui est fini et limité –, et notre volonté – qui est infinie. Comment alors savoir ce qui tombe sous l'objet de la connaissance, et ce qui l'excède ? Puisque nous sommes portés à vouloir plus que nous ne pouvons, nous risquons à tout moment de croire connaître ce que nous ne connaissons pas.

Descartes souligne judicieusement que « l'action de la pensée par laquelle on croit une chose » est « différente de celle par laquelle on connaît qu'on la croit [2] ». Il s'agit de distinguer le vraisemblable qui est une affaire de croyance, du vrai qui est l'affaire d'un savoir. Ce n'est pas la même chose que

1. *Discours de la méthode*, p. 63.
2. *Op. Cit.*, p. 53.

de dire : « Je pense qu'il est rongé par la maladie », et « Je sais qu'il souffre d'un cancer ». La première proposition est peut-être vraie, alors que la seconde est vraie. Pour Descartes, il ne s'agit pas tant d'adopter la première ou la seconde attitude, que de passer de la première à la seconde. Car nous pouvons très bien prétendre savoir, alors que nous nous trompons malgré nous. Et nous pouvons aussi nous contenter d'avoir une opinion sur les choses, sans nous soucier de vérifier sa véracité. Nous devons progresser, et passer du stade de la croyance (« je pense que ») à celui du véritable savoir (« ceci est vrai »). Car, dit Étienne Gilson dans une note de bas de page, « toute croyance est un jugement ; or juger est une fonction de la volonté, au lieu que connaître est une fonction de l'entendement [1] ».

2. Connaître assure la maîtrise de l'entendement sur la volonté

S'il faut substituer le jugement à la croyance, c'est qu'autrement, dit Descartes, « je n'eusse su borner mes désirs, ni être content [2] ». Car se contenter de croire savoir (alors même que nous ne savons pas), c'est se ranger du côté de la volonté infinie et des passions insatiables. La croyance, issue de la volonté, tend en effet à nous laisser penser que nous pouvons tout désirer, et que le monde n'est fait que pour nous. En ignorant que notre capacité de satisfaction ne peut qu'être limitée, et que nous ne pouvons pas tout savoir, nous nous exposons à vivre dans une constante indétermination. Jusqu'où irons-nous ainsi ? Nous ne le savons pas nous-mêmes.

Nous ne pouvons être heureux qu'en connaissant ce qu'il nous est possible de connaître, et non en essayant de déplacer toujours plus loin nos propres limites. « Être assuré de l'acquisition de toutes les connaissances dont je serais capable », c'est être assuré de jouir de « tous les vrais biens [3] » qui sont en notre pouvoir. En ajustant notre volonté à ce que nous dicte notre entendement, nous sommes en mesure de nous satisfaire. Cette satisfaction n'est rendue possible qu'en sachant distinguer les biens apparents des biens réels. L'entendement, qui examine le degré de clarté et de distinction des idées, nous mène aux biens réels, la clarté et la distinction de nos pensées ne pouvant nous induire en erreur. Tandis que la volonté, sous l'influence de nos passions, nous pousse à prendre des biens apparents pour des biens réels. Ainsi, à la vue d'une bouteille de vin, la volonté, nous commandant de boire jusqu'à plus soif, ne saura pas nous éviter d'être ivre ou migraineux ; alors que l'entendement nous dictant la modération, alliera la dégustation du gourmet à la bonne santé.

C'est donc à l'entendement de commander à la volonté, et non l'inverse : n'est bon ou mauvais pour la volonté que ce que notre entende-

1. Étienne Gilson, *Discours de la méthode* de Descartes, Paris, Vrin, 1984.
2. *Discours de la méthode*, p. 56.
3. *Ibid.*

ment « lui représente » comme bon ou mauvais. Connaître, c'est donc réinstaurer (ou maintenir) l'autorité de l'entendement sur les caprices de la volonté, de manière à ne plus prendre un mal pour un bien. C'est en quoi la théorie de la connaissance de Descartes est intimement liée au bonheur de l'homme : savoir que nous ne pouvons pas tout, c'est économiser ses forces et se donner les moyens d'être plus efficace à l'intérieur de nos propres limites. Nous pouvons moins, mais nous faisons mieux.

les lois de la nature

Voir **Cinquième partie**, pp. 64-68

1. L'ordre de la nature suit l'ordre de la raison

Descartes étend sa recherche d'un invariant (de ce qui ne varie pas au sein du changement) à la nature. Il remarque « certaines lois, que Dieu a établies en la nature, et dont il a imprimé » les « notions en nos âmes [1] ». Dieu a créé les lois de la nature, ainsi que celles du mouvement, et elles se trouvent dans notre propre pensée, où Dieu les a déposées. Par lois de la nature, Descartes entend les lois de la nature corporelle, composée uniquement de figures et de mouvements. Les lois du mouvement sont inscrites en nous, en ce que nous sommes désormais capables de connaître de manière claire et distincte leur nature : nous pouvons savoir qu'elles sont universelles et nécessaires, sans exception à la règle ni aucun hasard. Munis d'une méthode pour connaître l'ordre qui régit la nature, les lois de la nature répondent à notre propre ordre de pensée. En d'autres termes, l'ordre de la matière suit l'ordre de la raison.

2. Les lois de la nature sont invariables

Une caractéristique fondamentale des lois de la nature, c'est leur constance : elles ne varient pas. Pour montrer cela, Descartes ne s'appuie « que sur les perfections infinies de Dieu [2] », qui consistent en son immutabilité. Dieu a une même constance à créer les choses. Il agit toujours de la même façon, et produit donc toujours la même loi physique (les corps continuent toujours d'être attirés vers le sol). Si Dieu n'était pas immuable, il ne pourrait pas y avoir de loi dans la nature, et cette dernière ne serait qu'un pur chaos informe. La perfection de Dieu à cet égard ne consiste pas à avoir « créé plusieurs mondes [3] », mais elle s'exprime dans l'ordre qu'il a introduit tant en notre esprit que dans les opérations de la nature.

1. *Discours de la méthode*, p. 65.
2. *Op. cit.*, p. 66.
3. *Ibid.*

3. La nature est sous la dépendance constante de Dieu

Les lois de la nature sont le fruit d'un libre décret de Dieu. C'est en vertu de sa volonté que le monde perdure : « [...] l'action, par laquelle maintenant il le conserve, est toute la même que celle par laquelle il l'a créé [1] ». Descartes fait sienne la thèse de la création continuée. Il veut dire que la création de Dieu se fait à tout moment, et non pas seulement le jour de la Création, dans la nuit des temps. Si Dieu décidait de ne plus exercer sa toute-puissance, les êtres cesseraient tout d'un coup d'exister. Le monde ne pourrait pas continuer à exister par lui-même.

La physique est alors ce qui nous permet de reconstituer progressivement les étapes de la Création, et de comprendre « les choses matérielles », plus aisées à saisir par l'esprit « lorsqu'on les voit naître peu à peu » que « lorsqu'on ne les considère que toutes faites [2] ». Curieusement, la physique de Descartes ne profane pas le monde en lui ôtant tout son caractère sacré. Il s'agit bien au contraire d'allier la foi à la physique : on peut croire et comprendre, sans avoir besoin de recourir aux mystères des scolastiques. La physique cartésienne reconstitue l'ordre divin du monde, qui n'est pas apparent d'un point de vue synthétique. Seul un point de vue analytique, de décomposition, révélera les mécanismes cachés de la nature : à savoir, que tout corps et tout esprit empruntent à chaque instant leur être de Dieu. La durée de l'univers est donc faite de la répétition d'instants créateurs, et ne repose que sur la constance de la volonté de Dieu. Descartes introduit ici une conception du temps comme discontinu. Les instants ne découlent pas des précédents, mais ne sont maintenus que tant que Dieu le veut.

Astronome, dessin extrait de *La Dioptrique* de Descartes.

Parce que les lois de la nature sont invariables, étant garanties par Dieu, nous pouvons acquérir une connaissance certaine des phénomènes naturels et construire des instruments de mesure pour les étudier.

1. *Discours de la méthode*, p. 67.
2. *Op. cit.*, p. 68.

Grandes thèses

« Je pense, donc je suis »

Voir **Quatrième partie** pp. 59-60

1. Quel rapport peut-il y avoir entre un homme et une substance ?

À l'issue du doute, par lequel Descartes a remis en question toutes les idées qu'il tenait pour acquises, il affirme curieusement qu'il est certain d'une chose : qu'il est « une substance ». Après avoir considéré que l'on peut douter de tout, sauf de ce que l'on est en train de douter, il en conclut naturellement que lui existe. Mais en quoi peut-il se dire « une substance » ?

Descartes éprouve ici les limites du doute : « [...] je connus de là que j'étais une substance dont toute l'essence ou la nature n'est que de penser », et qui « ne dépend d'aucune chose matérielle [1] ». Autrement dit, je n'ai pas besoin de prouver la réalité de mon corps pour penser ; même si je feins de douter que j'ai un corps, il n'en demeure pas moins que je continue de penser ou de douter. *Je suis une substance* est donc à comprendre comme « je suis une chose qui pense ». *Substance* est un terme utilisé par les scolastiques, pour désigner une réalité permanente dans les choses changeantes. Il s'agit d'un support de la réalité, qui ne varie pas : par exemple, moi qui pense, que je sois malade, triste, ou joyeux, je ne cesse pas d'être le même moi.

2. Simultanéité du « je pense » et du « je suis »

L'affirmation de Descartes : « Je pense, donc je suis [2] » est le premier principe de la philosophie cartésienne. Ce fait, que ni le doute ni aucune pensée ne parvient à dissoudre, ne peut qu'être le point de départ de toute connaissance. Le « donc » de cette affirmation de Descartes n'est en rien déductif. Je suis, non parce que je pense, mais « je pense » et « je suis » sont simultanés, c'est-à-dire inhérents l'un à l'autre. Ces deux pensées sont liées entre elles d'un point de vue logique – au sens où il faut bien que je sois pour penser – et non d'un point de vue chronologique, l'une précédant l'autre. « Je pense, donc je suis », au même titre que « je vois, donc j'ai des yeux ». Il est aussi absurde de croire que le fait de penser puisse être isolé du fait que j'existe, que d'affirmer que je puisse voir, et en déduire après coup

1. *Discours de la méthode*, p. 59.
2. *Ibid.*

que j'ai des yeux. La vue et la vision sont contemporaines, elles se présupposent l'une l'autre, sans qu'il soit besoin de se soucier de savoir laquelle est première par rapport à l'autre : elles ne font qu'un.

3. Première certitude : la permanence du sujet

Si le « Je pense, donc je suis » « n'est nullement une constatation empirique, mais une vérité nécessaire », si cette affirmation « est vraie intemporellement [1] », c'est qu'elle est à la fois une pensée et un sujet. Elle est une pensée qui affirme que je suis une chose qui pense, le point d'ancrage de mes facultés (qui pense, qui doute, qui se représente ou qui imagine). Elle est aussi un sujet, qui fait que j'ai le sentiment de mon unité, et que cette unité est permanente et invariable. Que faut-il entendre par là ? Il faut comprendre que j'ai conscience d'être « une substance dont toute l'essence ou la nature n'est que de penser, et qui, pour être, n'a besoin d'aucun lieu, ni ne dépend d'aucune chose matérielle [2] ». La pensée, ou le moi, est le sujet de toutes mes pensées particulières. Et en tant que sujet, elle n'est pas altérée par le contenu de mes pensées particulières : le fait de penser à ma propre mort, le fait de l'appréhender, n'éradique pas pour autant mon moi ; il demeure le même, à savoir un moi, et il est permanent. C'est-à-dire que mon moi n'est pas intermittent, parfois tel, et d'autres fois tel autre.

Le « Je pense, donc je suis » de Descartes pose à la fois quelque chose qui m'est propre, et qui pourtant échappe à la temporalité. Affirmer que « je suis » de toute éternité, ce n'est pas affirmer mon immortalité, mais c'est poser la permanence de mon moi tant que je suis en vie. C'est, en d'autres termes, me reconnaître comme centre d'initiative, et prouver par là en quoi on ne peut douter de tout, comme le faisaient les sceptiques. Quelle que soit l'absurdité des propos que je tiens, quelle que soit ma mauvaise foi, mon degré de pessimisme ou de cynisme, je suis et reste un sujet qui est et qui pense. Et s'il s'agit là de la première certitude vraie que nous puissions avoir, c'est aussi parce qu'elle est la seule certitude qui n'ait pas pu nous être enseignée par nos précepteurs. Descartes affirme dans une lettre de mars-avril 1648, dont on ne sait si elle s'adresse à Newcastle ou à Silhon : « La vérité de cette proposition *Je pense, donc je suis* [...] n'est point un ouvrage de votre raisonnement, ni une instruction que vos maîtres vous aient donnée ; votre esprit la voit, la sent et la manie [3]. »

L'évidence logique de l'existence du *cogito* est non seulement le fondement de toutes nos connaissances ultérieures, mais la première de nos certitudes. Descartes évite ainsi l'écueil des scolastiques, qui recouraient à une science réfléchie pour prouver ce qui est selon Descartes une évidence. Point besoin de théologie pour justifier l'existence de notre *cogito*, ni besoin

1. Geneviève Rodis-Lewis, *L'Œuvre de Descartes*, Paris, Vrin, 1971, p. 239.
2. *Discours de la méthode*, p. 59.
3. Descartes, *Lettre à Newcastle* (ou Silhon ?), mars-avril 1648, citée par Geneviève Rodis-Lewis, *op. cit.*,

de connaissances intermédiaires pour en juger. Pour Descartes, le « je pense, donc je suis » est une affaire de jugement et non une question ontologique où nous avons à rechercher l'origine de notre pensée et de notre être. Nous sommes un sujet dont l'essence est permanente et inaltérable, car notre seule essence est de penser.

Les preuves de l'existence de Dieu

Voir **Quatrième partie**, pp. 60-62

Le seul fondement stable et certain que Descartes accorde au savoir et à la science est Dieu. Pour lui, les vérités de la foi et celles de la raison ne peuvent s'opposer, puisqu'il n'y a pas de vérités propres à chaque science mais une vérité une et éternelle, qui n'est autre que Dieu. En d'autres termes, la vérité pour Descartes n'est pas le fruit de Dieu, mais l'être même de Dieu, fondement de toutes choses.

L'existence de Dieu est donc l'objet d'une démonstration rationnelle, qui ne fait appel ni à la foi ni à la lecture des textes sacrés. Cette question essentielle n'est plus tant celle de la croyance que d'une évidence intellectuelle. Si l'existence de Dieu ne va pas de soi du point de vue de notre sensibilité immédiate, elle est irréfutable au sortir d'une démonstration par la raison. Descartes procède en deux temps.

1. Première preuve : de l'idée de perfection en moi à Dieu

Dans la quatrième partie du *Discours*, Descartes évoque l'idée de perfection que nous avons en nous. Si personne ne peut préciser en quoi consiste exactement la perfection (que l'on ne peut rencontrer ici-bas), tous les hommes s'accorderont sur le fait que ce qui est parfait n'est, par définition, limité par rien. Or, comment les hommes, êtres imparfaits et finis, peuvent-ils avoir en eux l'idée d'une perfection qui les dépasse ? Comment l'imparfait pourrait-il engendrer le parfait ? C'est bien plutôt l'inverse qui est vrai : seule la perfection peut créer de l'imperfection. Il s'ensuit alors que Dieu, être parfait et suprême, est l'auteur de l'homme et du monde imparfaits. L'idée même de perfection ne peut pas surgir par l'effet du hasard dans notre esprit, comme par une sorte de génération spontanée, issue du néant. Ainsi, « l'idée de Dieu ne saurait trouver sa cause en moi » ; il faut admettre que Dieu seul est la « cause de son idée [1] ».

1. Ferdinand Alquié, « Descartes », *in Encyclopaedia Universalis*, 1989, p. 247.

2. Deuxième preuve : de la perfection de Dieu à son existence nécessaire

La deuxième preuve de l'existence de Dieu consiste à montrer qu'il est de la nature de Dieu – qui est perfection pure – d'exister, car ne pas exister serait pour lui une imperfection. Comment Dieu, être parfait qui nous surpasse en toutes choses, pourrait-il ne pas exister alors que nous, êtres imparfaits, nous existons ? Il serait absurde d'affirmer que Dieu n'existe pas, sous prétexte que nous n'en avons pas le sentiment ou la preuve visible. L'existence de Dieu n'est certes pas un fait sensible à l'oeil nu, mais une évidence logique que seul le raisonnement peut révéler.

Nous pourrions cependant objecter qu'il ne suffit pas de concevoir une chose dans notre esprit pour faire exister cette chose : nous pouvons bien imaginer une licorne, ou tout autre animal fabuleux, cette pensée ne la fera pas exister pour autant ! Mais Descartes répond que l'existence de Dieu n'est pas comparable à l'existence des choses créées. Les choses, en effet, peuvent être ou ne pas être : leur existence est *contingente*. Tandis que Dieu, en vertu même de sa nature (qui est perfection), ne peut pas ne pas être : son existence est absolument *nécessaire*, et son inexistence inconcevable. Et Descartes d'ajouter : « Il n'y a pas moins de répugnance de concevoir un Dieu (c'est-à-dire un être souverainement parfait) auquel manque l'existence (c'est-à-dire auquel manque quelque perfection), que de concevoir une montagne qui n'ait point de vallée[1] ».

3. Évaluation critique de ces preuves

On a appelé cette démonstration de l'existence de Dieu la « preuve ontologique ». Car il s'agit d'une preuve qui analyse Dieu sous l'angle de sa nature, et non sous un angle théologique qui ferait appel à la foi. Le tour de force de Descartes est de s'être employé à démontrer l'existence de Dieu sans faire référence à la Bible, ni recourir à l'argument selon lequel l'ordre et la beauté qui règnent dans la nature ne peuvent être l'effet du hasard. Certains qualifient cette preuve de « pur sophisme », reprochant à Descartes de ne démontrer l'existence de Dieu que par la pensée pure, et non par un fait tangible : dire qu'une chose existe, n'est pas faire exister cette chose ; c'est un procédé purement verbal. Il est seulement possible que cette chose existe, mais cela n'est en aucun cas « nécessaire ».

Il faut cependant garder à l'esprit que la démonstration de l'existence de Dieu n'est pas, pour Descartes, une fin en soi. Dieu est le fondement ultime de toute vérité et de toute science, et le garant d'une certitude nécessaire à l'élaboration de la morale. Il faut donc s'abstenir de juger la teneur de la « preuve ontologique » de Descartes en elle-même, et rattacher cette dernière au projet qui la sous-tend. Car si l'auteur du *Discours de la*

1. Descartes, *Méditations métaphysiques*, Méditation cinquième, coll. « Les Intégrales de philo », Nathan, 1998.

méthode s'efforce de montrer, pour reprendre la formule de Geneviève Rodis-Lewis, « que l'existence de Dieu est plus certaine que les mathématiques », c'est que « sans Dieu, on n'a pas de certitude, pas de modèle mathématique [1] ».

La perfection divine garantit la vérité de nos connaissances

Voir **Quatrième partie**, p. 61 et p. 63

1. La vérité de nos connaissances doit être garantie

On ne peut pas comprendre pourquoi Descartes affirme de manière aussi péremptoire que Dieu est le fondement de la vérité de nos connaissances, si l'on n'a pas auparavant distingué deux domaines : l'ordre de la connaissance, par lequel je sais que je pense, et celui de l'être, par lequel je dépends de Dieu, dont je suis la créature. Ce que Descartes doit justifier, et ce que nous avons à comprendre, c'est le fait que l'ordre de la connaissance, bien que vrai, n'est pas l'ordre de la chose. Un tel ordre appelle une garantie dont nous ne pouvons être l'auteur. Qu'est-ce qui justifie que ma connaissance à propos d'une chose, qui n'est pas cette chose, est vraie ?

Puisque l'ordre de la connaissance (ce que je sais), est distinct de l'ordre de l'existence (la chose elle-même), il faut que quelque chose garantisse la vérité de cet ordre de la connaissance. Descartes commence par affirmer que Dieu possède tout ce qui nous manque, qu'il est : « infini, éternel, immuable, tout connaissant » et « tout-puissant [2] ». De cela il s'ensuit que Dieu est parfait, et qu'en tant qu'Être souverainement parfait, il ne peut nous pousser à l'erreur. Car si l'erreur est une imperfection, seule une autre imperfection peut engendrer l'imperfection. Si l'homme peut faire de la perfection une imperfection, Dieu ne saurait être soumis aux mêmes vicissitudes. La perfection divine ne peut être que l'origine et la garantie de toute connaissance vraie. Une fois ce principe admis, il reste à savoir comment Descartes expose cette certitude.

---

1. Geneviève Rodis-Lewis, « Descartes : les nouvelles lectures », in *Le Magazine littéraire*, avril 1996, n° 342, p. 24.
2. *Discours de la méthode*, p. 61.

2. Pourquoi une idée claire et distincte est-elle vraie ?

La règle de la clarté et de la distinction, définie par Descartes comme critère de la vérité, demande à être fondée. Une idée claire et distincte est vraie « à cause que Dieu est ou existe, répond Descartes, et qu'il est un être parfait, et que tout ce qui est en nous vient de lui [1] ». Si tout ce qui est clair et distinct provient de Dieu, c'est parce que Dieu en est l'auteur. Il y a donc dans le monde des vérités éternelles, à savoir des évidences logiques (« 2 et 2 font 4 »), des théorèmes mathématiques (« la somme des angles d'un triangle est égale à deux droits »), des lois physiques et les essences des choses. Tout cela ne fait qu'un et constitue une vérité immuable. Dieu, en tant que créateur du monde, en est l'origine et le garant. Comme Descartes l'affirmait au père Mersenne, dans une lettre du 27 mai 1630, Dieu est l'auteur « de l'essence comme de l'existence des créatures ». « Or cette essence, dit-il, n'est autre chose que ces vérités éternelles. » Par exemple, la vérité selon laquelle « toutes les lignes tirées du centre à la circonférence sont égales », exprime l'essence du cercle.

3. Toute vérité a été créée par Dieu

Par conséquent, parler d'évidences logiques, de théorèmes mathématiques, de lois physiques ou d'essences, c'est pour Descartes la même chose. Ce que veut dire Descartes, c'est que toute vérité, y compris logique, a été créée librement par Dieu qui, s'il l'avait voulu, aurait pu la faire autrement. Dieu est vraiment l'auteur des essences, qui sont ce qu'elles sont parce que Dieu l'a voulu, et non parce qu'il s'est conformé à une évidence qui lui aurait préexisté. Comme le souligne Ferdinand Alquié, « le Dieu véridique » n'est pas, pour Descartes, « un Dieu ayant à exprimer des vérités indépendantes de sa création, mais un Dieu posant toutes choses dans l'être [2] ».

Ainsi, Dieu est le garant de la vérité de nos connaissances, car la science n'est soumise qu'au critère de la raison. Si Dieu est l'auteur de l'essence de toutes choses, alors toute connaissance vraie de ces choses dérive indirectement de Dieu. Descartes chante la gloire de Dieu, mais en distinguant Dieu de sa création, il libère la physique de la théologie : si toute vérité est créée, si elle est une vérité posée dans l'être par Dieu hors de lui-même, alors l'essence est vraie en elle-même.

1. *Discours de la méthode*, p. 63.
2. Ferdinand Alquié, *La Découverte métaphysique de l'homme chez Descartes*, Paris, PUF, 1966, p. 240.

L'âme est distincte du corps

Voir **Quatrième partie**, p. 59

et **Cinquième partie**, p. 68 et p. 77

1. L'âme est pure pensée

« Ayant remplacé l'univers médiéval, où chaque être renvoie à un autre, par un univers géométrique et étalé, offert à l'intuition », Descartes essaye « de faire de l'esprit une nature connaissable [1] ». Si les scolastiques faisaient de l'âme le principe de toute forme de vie, et plus particulièrement celui du corps, Descartes réduit l'âme à la pure pensée. Elle n'a plus rien à faire avec la matière, ce qui nous permet ainsi de mieux comprendre sa nature. En l'entremêlant à la matière, sans la confondre avec elle, les scolastiques ont rendu l'âme mystérieuse, voire incompréhensible. Pour l'appréhender, il fallait la distinguer du corps. Connaître l'enchaînement de nos idées, ce n'est ni plus ni moins que connaître la nature de l'âme. Puisque l'âme n'est plus une énergie ou un pouvoir occulte qui anime le corps, elle est réduite chez Descartes à une substance, soit à de la pure pensée.

Dans la cinquième partie du *Discours*, nous voyons bien ce qui pousse Descartes à séparer l'âme du corps. Il s'agit de rendre cette dernière connaissable, et de ne plus en faire une entité sacrée et impénétrable. Alors que Descartes expose sa théorie de la Création, il suppose que « Dieu formât le corps d'un homme [...], sans mettre en lui, au commencement, aucune âme raisonnable, ni aucune autre chose pour y servir d'âme végétante ou sensitive [2] ». Il s'oppose ici aux scolastiques, et plus particulièrement à Aristote, pour qui l'âme végétative ou sensitive était la forme du corps : elle est la « forme d'un corps naturel qui a potentiellement la vie [...]. L'âme n'est pas séparable du corps [3] ». Cette conception de l'âme est, pour Descartes, confuse. Qu'est-ce qu'une chose qui n'est pas de la matière et qui est pourtant son principe de vie ? Comment l'âme peut-elle, comme le prétend Aristote, envelopper le corps sans être une matière ou le corps lui-même ?

2. Le corps n'a pas besoin de l'âme pour fonctionner

Descartes résout cette aporie en montrant que le corps humain est autonome et que, s'il était dénué d'âme, son fonctionnement ne serait pas troublé pour autant. C'est malgré nous, « sans que nous y pensions », que

1. Ferdinand Alquié, *op. cit.*, p. 180.
2. *Discours de la méthode*, p. 68.
3. Aristote, *De l'âme*, Paris, GF-Flammarion, 1993, livre 2, § 1, pp. 136-140.

notre digestion se fait, comme le mécanisme d'une montre. La nature de l'âme « n'est que de penser » : nous n'avons en d'autres termes aucun organe de la pensée. Si nous savons aujourd'hui que le siège de la pensée et de la réflexion est le cerveau, le XVIIe siècle n'en avait pas encore connaissance. Pour Descartes, le siège de la pensée n'est autre que l'âme, qui est inlocalisable. Si l'âme a besoin d'un corps pour se manifester, pour penser, le corps n'a, quant à lui, aucunement besoin de l'âme pour fonctionner et survivre. La nutrition, la digestion et la croissance se font automatiquement, et non par l'intermédiaire de la pensée. Le corps a donc une origine corporelle, et rien de plus. Le moteur qui alimente et anime notre corps, c'est le cœur, que Descartes compare à une pompe qui communique au corps sa chaleur.

Descartes justifie la distinction de l'âme et du corps par le fait que les mouvements de ce dernier ne dépendent pas de l'âme. Des « esprits animaux », sorte de « vent très subtil » ou « flamme très pure et très vive [1] », se répandent du cœur au cerveau, jusque dans nos nerfs et nos muscles. Il s'agit de particules matérielles (et non de pensées) invisibles à l'œil nu, qui sont produites dans le sang ; elles circulent dans les nerfs, lesquels agissent sur les muscles. Le mouvement du cœur explique donc toutes les fonctions de notre organisme. Le corps est fait de telle manière qu'il se suffit à lui-même, telle une machine. Descartes refuse de faire du cœur une âme.

3. L'âme et le corps : deux natures différentes unies dans l'homme

Nous comprenons alors pourquoi l'âme, de nature différente de celle du corps, « ne peut aucunement être tirée de la puissance de la matière [2] ». La matière, qui ne pense pas, ne saurait comporter en elle une puissance ou un pouvoir occulte, une énergie, que les scolastiques lui attribuaient. On ne saurait raisonnablement mélanger l'âme au corps. La matière et le corps ne sont pas doués d'un quelconque intellect. Pourtant Descartes affirme que l'âme n'est pas seulement dans le corps comme « un pilote en son navire », mais étroitement « jointe et unie » à lui. Descartes se contredit-il ici ? Après avoir séparé l'âme du corps, il affirme que tous deux sont intimement reliés l'un à l'autre. Loin de se contredire, il critique ici la conception platonicienne de l'âme : pour Platon, ainsi que pour Aristote, l'âme est logée dans le corps comme le pilote dans son navire. L'inconvénient de cette comparaison est qu'elle laisse penser que le corps et l'âme n'ont qu'un rapport extérieur l'un à l'autre. Comme le fait remarquer Étienne Gilson en note de bas de page, « les sensations (*sentiments*) et les passions (*appétits*) ne peuvent s'expliquer par un simple contact entre l'âme et le corps, mais présupposent leur union substantielle [3] ».

---

1. *Discours de la méthode*, p. 73.
2. *Op. cit.*, p. 77.
3. Étienne Gilson, *Discours de la méthode* de Descartes, Paris, Vrin, 1984.

Il résulte de tout ceci qu'en réalité, l'âme est intimement reliée au corps d'un point de vue substantiel ; mais tous deux sont distincts l'un de l'autre pour la pensée, du point de vue de la connaissance. Nous avons besoin de les distinguer pour que l'âme soit connaissable ; mais nous savons parfaitement que dans les faits, l'âme et le corps ne font qu'un en l'homme.

Le monde-machine

Voir **Cinquième partie**, pp. 64-77

1. Fonder une physique mathématique

Dans la cinquième partie du *Discours*, Descartes résume le *Traité du monde ou de la lumière*, qu'il a renoncé à publier (il ne le sera que de manière posthume) en raison de la condamnation de Galilée. Rappelons simplement que Galilée, dans son *Discours concernant deux sciences nouvelles*, en 1638, expose sa découverte de la loi de la chute des corps dans le vide et formule pour la première fois le principe d'inertie. Il contribue par là à introduire l'outil mathématique dans le champ de la physique. À ce titre, Galilée est donc, avec Descartes, l'un des fondateurs de la mécanique moderne. Remarquons en outre que l'hypothèse d'un monde régi par les lois de la mécanique a été rendue possible grâce à l'introduction, par Galilée, de l'emploi de la lunette astronomique en 1609. « J'ai vu en un an, disait-il, dix fois plus de choses que les hommes n'en ont vues en 5 600 ans [1]. »

Descartes s'impose donc comme le continuateur de Galilée. La multiplication, à l'époque de Descartes, des lunettes, des télescopes et des microscopes, révèle à leurs utilisateurs « des phénomènes dont on ne mesurait pas l'étendue » et « des parties du ciel qu'on n'avait jamais observées [2] » (tels que les reliefs de la Lune et les taches du Soleil). Comme Galilée, Descartes est convaincu que la nature est écrite en langage mathématique. Il entreprend donc de fonder une véritable « physique mathématique ». Aussi est-il conduit à bannir les notions scolastiques de « forme », d'« âme », de « vie », d'« acte » et de « puissance », soit tout ce qui séparait, dans la physique d'Aristote, le domaine mathématique du domaine physique. N'oublions pas que Descartes est intimement convaincu de l'unité fondamentale de la science.

---

1. Galilée, *Le Messager des étoiles*, cité par Pierre Chaunu, « Descartes : les nouvelles lectures », in *Le Magazine littéraire*, avril 1996, n° 342, p. 27.
2. *Ibid.*

2. Refus des explications par les qualités occultes

Pour Descartes, l'univers est un espace homogène assimilable à un espace géométrique à trois dimensions (largeur, hauteur, profondeur). Toutes les transformations qui se produisent dans le monde sont régies par les seules lois du mouvement. La matière elle-même n'est que de l'étendue, et les corps matériels sont des portions d'étendue. Ainsi, il n'est plus besoin de prêter à la matière des qualités occultes pour rendre compte du mouvement, ni de recourir aux prétendues « intentions » de la nature ou aux causes finales. Ce sont désormais les mêmes lois qui gouvernent la matière inanimée et la matière vivante. Il n'est plus question de parler, comme Aristote et les scolastiques, d'une « âme » qui serait le moteur du mouvement et du fonctionnement des êtres vivants. Descartes réduit au contraire les fonctions propres de l'âme à la pensée : tout être vivant, y compris l'homme, est une machine, dont le fonctionnement est déterminé par la disposition de ses organes. Cette conception mécaniste du monde ne doit pas nous laisser penser que celui-ci est comme inanimé ou statique : il ne s'agit ici que d'expliquer la vie sans recourir à l'idée scolastique d'un « souffle » divin susceptible d'animer la matière. Le mécanisme permet d'expliquer le fonctionnement de l'univers matériel ; mais il ne préjuge en rien de sa nature véritable.

3. Connaître le monde et ses lois par la raison et non par les sens

Le lecteur achoppe souvent sur cette affirmation de Descartes, pour le moins surprenante, mais sans doute justifiée par son projet philosophique : « Et les démonstrations de tout ceci sont si certaines qu'encore que l'expérience nous semblerait faire voir le contraire, nous serions néanmoins obligés d'ajouter plus de foi à notre raison qu'à nos sens [1]. » Il ne s'agit pas tant ici d'une pétition de principe que d'une conception de la vérité qui mérite que l'on s'y attarde. Pour Descartes, la vérité n'est pas l'affaire des sens mais de l'entendement seul. Se fier à ce que nos sens nous font percevoir de l'expérience, par l'entremise d'un jugement toujours faillible, c'est se risquer perpétuellement à l'erreur. Alors qu'en n'admettant pour vrai que ce qui est instauré par un ordre de la raison, nous sommes au moins assurés de la fiabilité de notre savoir. Dans ce monde mécanisé, l'explication tient lieu de cause : ce qui nous importe, ce n'est pas la question du pourquoi (qui n'incombe qu'à Dieu, être omniscient par excellence), mais bien celle du comment (qui incombe à tout homme soucieux de vérité).

Retenons de tout cela que la nature n'est plus traitée du point de vue de ses substances et de ses qualités. Désormais, le réel se laisse penser, calculer, mesurer ; expliquer, c'est étaler dans l'espace. Il n'y a pas plus de mystère dans l'univers matériel que dans le boîtier d'une montre

1. Descartes, *Principes de la philosophie*, Paris, Vrin, 1989, IIe partie, § 64, p. 102.

ou d'une horloge ! On comprend l'émoi des autorités religieuses de l'époque, ainsi que la prudence de Descartes, qui préfère souvent laisser dans l'ombre de l'implicite ce qui est susceptible de déchaîner les scandales et les passions.

La maîtrise de la nature

Voir **Sixième partie**, pp. 77-80

1. La connaissance des lois physiques permet d'agir sur la nature

Le projet cartésien d'une physique fondée sur la géométrie trouve tout son sens dans cet autre projet : celui de « nous rendre comme maîtres et possesseurs de la Nature [1] ». Dès lors que nous savons la force et les actions du feu, de l'eau, de l'air, des astres, des cieux et de tous les autres corps, qui ne sont que pure étendue, c'est-à-dire des figures et des mouvements, nous pouvons les connaître aussi bien que nous connaissons les métiers des artisans. Avec la science physique telle que Descartes l'a définie, nous savons comment répéter les mouvements de la nature (déterminés par des configurations géométriques) par nous-mêmes. Nous sommes alors en mesure de nous aider nous-mêmes à travers maintes applications techniques et médicales, qui soulageront le travail des hommes tout en améliorant leur santé.

2. Dieu seul est le « maître du monde »

On peut dire que ce mot de Descartes : « comme maîtres et possesseurs de la Nature » a fait couler beaucoup d'encre et suscité maints malentendus. C'est bien à tort que Descartes a incarné « aux yeux de la philosophie mondiale l'esprit de la technique [2] ». Il ne s'agit pas de nous déclarer « maîtres et possesseurs de la nature », car Dieu seul peut l'être : il a créé la matière et établi les lois de la nature, qu'il est le seul à pouvoir contrôler. Quant à nous, nous ne pouvons en rien prétendre être le centre de la création, pour qui toutes choses auraient été faites ou à qui elles seraient destinées. En d'autres termes, vouloir connaître la nature n'est pas la dominer ou la dompter, de la façon dont nous domestiquons un animal sauvage. D'ailleurs, ce que Descartes entend ici par « Nature », c'est, comme le souligne François Guéry, « le monde des corps et non celui des hommes vivants » ; « c'est même la froide et géométrique étendue et non le lieu de

1. *Discours de la méthode*, p. 79.
2. François Guéry, « Descartes : les nouvelles lectures », in *Le Magazine littéraire*, avril 1996, n° 342, p. 33.

nos vies [1] ». Il s'agit, non pas de détourner les forces de la nature au profit d'une ère industrielle sans limites, mais de mieux nous connaître en connaissant mieux la nature. Descartes n'a pas voulu dire autre chose que cela.

3. La médecine, une application indirecte de la physique

À défaut d'être les « rois de la nature », nous avons malgré tout les moyens d'en être les « princes ». La connaissance et l'application des lois de la matière peuvent faire de nous les artisans de notre santé. Ce que la nature nous enseigne, c'est tout d'abord comment agir sur notre propre corps. En connaissant les influences et les rapports que la matière a sur une autre matière dans la nature, nous pouvons connaître par analogie les causes physiologiques des réactions de notre corps (et lutter, par exemple, contre les passions néfastes). On comprend alors que la médecine, pour Descartes, dépende toujours de la physique : de la même manière que l'univers matériel est réduit à un vaste mécanisme, le corps humain est comme une machine sur laquelle nous saurons intervenir. La médecine a devant elle l'avenir d'une science rationnelle, au lieu de l'inefficacité désespérée à quoi la destinaient les explications verbales et incantatoires des anciens.

4. La fin du progrès scientifique est le bien-être des hommes

Mais cette utilisation indirecte de la nature n'empêche pas que nous soyons capables d'agir sur la nature même (ce qui est différent d'une exhortation à agir sur elle ; cela le permet simplement). Descartes envisage de soulager les efforts des hommes dans leurs divers travaux, par un souci de simplification des tâches quotidiennes, et non par celui d'un progrès technique. Le progrès que vise Descartes est un progrès moral par l'intermédiaire de la technique, et non le progrès tel que nous l'entendons aujourd'hui, pris comme une fin en soi et coupé de toute avancée morale. Le progrès entendu en ce second sens est néfaste et dangereux : car au progrès pour le progrès, sans fin préalable posée, il n'y a pas de limite. Alors que celui dont se soucie Descartes ne répond qu'à un seul projet : améliorer sans cesse la vie et la santé des hommes, afin que les générations suivantes puissent vivre plus longtemps et ainsi parachever les travaux de Descartes, dont lui-même n'aura pu venir à bout.

Le projet d'une maîtrise de la nature n'est donc pas à comprendre au sens littéral du terme : il n'est pas question de faire de l'homme le « maître du monde » (un mégalomane, pour reprendre un terme contem-

1. François Guéry, *op. cit.*, p. 34.

porain), mais le maître de ses seuls jugements. Et la maîtrise de nos jugements passe par une connaissance de la nature, qui est bien un moyen, et non une fin en elle-même. La science physique et la médecine, mais aussi la technique, doivent procurer aux hommes le bien-être ; et les hommes ne doivent en aucun cas être asservis à la science, ni devenir un moyen à son service. C'est pourquoi Descartes termine son *Discours* en confiant le soin de faire progresser la science à « ceux qui joignent le bon sens avec l'étude », bien conscient que celle-ci, objet possible de détournement, n'est pas à mettre entre toutes les mains…

Pasteur et la vaccination antirabique.

La médecine est pour Descartes l'une des applications de la physique les « plus utiles à la vie » : « […] la conservation de la santé […] est sans doute le premier bien et le fondement de tous les autres biens de cette vie. » Descartes, *Discours de la méthode*, p. 79. En provoquant dans l'organisme la fabrication d'anti-corps, le vaccin permet d'éviter de contracter la maladie, au lieu de devoir la soigner après coup.

Sujets de dissertation

Sujet 1 :

Peut-on douter de tout ?

Première approche

- Pour l'opinion commune, le doute est un défaut ou une privation, par opposition à celui qui sait, que nous pensons sûr de lui-même et serein. Il y aurait donc quelque absurdité, ou quelque folie, à vouloir douter de tout. Du reste, on ne peut pas vivre sans un minimum de certitudes.
- Cependant, Descartes montre que le doute suppose une certaine intelligence ainsi qu'une certaine maturité. Seul l'idiot ou « l'imbécile heureux » ne doute jamais de rien. Et si l'enfant ne doute pas, c'est parce qu'il n'est pas encore en possession de sa raison, ni d'un jugement autonome.

Problématique

- Nous nous trouvons face à un dilemme :
  - ou bien nous pouvons douter de tout, et nous doutons sans limite, jusqu'à en perdre la raison ;
  - ou bien nous ne pouvons douter de tout, et cela signifie qu'il y a certaines choses (ou affirmations) que nous devons tenir pour certaines. Mais quel sera le critère de la certitude ? Comment distinguer ce qui est susceptible d'être mis en doute et ce qui ne l'est pas ?
- Le sujet exige donc que nous nous demandions pourquoi nous doutons et jusqu'où peut aller notre doute ? En un mot, quelles sont les limites du doute ?

1. Pourquoi douter ?

Deux bonnes raisons de douter :

- Soit nous doutons parce que nous pensons que notre esprit est incapable d'atteindre la moindre vérité. Il s'agit là du doute pratiqué dans l'Antiquité par les sceptiques, qui préconisaient la « suspension du jugement » (ou *épochè*). Pour les disciples de Pyrrhon en effet, toutes les opinions se valent et l'on peut opposer à n'importe quel argument un autre argument de force égale. Le doute semble ici répondre à la faiblesse congénitale de notre raison : puisque nous ne pouvons rien connaître avec certitude, mieux vaut s'abstenir d'affirmer et garder le silence.
- Soit nous doutons parce que nous ne voulons pas donner notre assentiment à des opinions fausses. C'est précisément la démarche de Descartes, qui uti-

lise le doute comme un moyen de parvenir à la vérité. Si je doute, c'est que j'ai déjà été abusé (par mes maîtres, par mes sens, etc.) et qu'il m'est arrivé de tenir pour vrais des jugements qui ne l'étaient pas. Le doute est ici l'outil intellectuel qui nous permet d'évaluer le bien-fondé de nos croyances.

Dans les deux cas, c'est l'erreur qui est à l'origine du doute. Un être omniscient (Dieu), qui reconnaîtrait immédiatement le vrai et le faux, ne saurait recourir au doute. C'est parce que l'homme se trompe souvent qu'il doute, et qu'il est tenté d'étendre son doute à tout ce qu'il connaît, ou croit connaître.

2. Le doute radical

Douter de tout serait alors le plus sûr moyen de nous défaire de nos anciennes opinions et d'accéder à la vérité. « De tout » : que faut-il entendre par là ? On peut certes douter de la sincérité d'une publicité vantant les vertus amincissantes de tel ou tel produit, ou bien encore douter de l'authenticité d'une « antiquité » vendue aux puces... Mais puis-je pour autant douter de la vérité des jugements mathématiques ou de l'existence du monde extérieur ?

C'est néanmoins le chemin qu'emprunte Descartes dans le *Discours de la méthode*. Pour être sûr de ne pas sombrer de nouveau dans l'erreur, il décide de rejeter « comme absolument faux » tout ce en quoi il pourrait imaginer le moindre doute. Or, il nous arrive, dans nos rêves, de vivre certains événements avec autant d'acuité et de précision que si ces événements étaient réels. D'ailleurs, rien ne prouve qu'en ce moment, nous soyons bel et bien éveillés. Aussi Descartes est-il conduit à rejeter tous les témoignages des sens et, avec eux, tous les énoncés scientifiques qui s'appuient sur ces témoignages. Et puisqu'il nous arrive de nous tromper dans les opérations mentales les plus simples, il faut aller jusqu'à rejeter les vérités mathématiques et, finalement, « toutes les choses » qui sont un jour entrées dans notre esprit.

Mais ce doute radical, voire « hyperbolique », est-il pratiquement tenable ? Si nous doutons de tout, alors tout se vaut ; nous pouvons dire une chose, et son contraire, sans nous contredire ; nous pouvons aimer aujourd'hui, et détester demain. Il n'y a plus aucun sens à parler de vérité. Et puis nous devrions douter même de notre propre doute, ce qui est autocontradictoire. Mais alors, comment sortir du doute ?

3. Les limites du doute

Lorsque nous doutons de tout, nous tombons dans un cercle vicieux ou dans une impasse d'où il est impossible de sortir. Le doute radical nous fait tomber dans une autocontradiction. Je ne peux à la fois douter de tout, et douter de moi qui suis l'auteur de ce doute. Nous ne pouvons faire du doute notre devise, sans nous être déjà posés nous-mêmes comme une réalité certaine. C'est pourquoi Descartes peut adopter le « Je pense, donc je suis » comme la première et la plus certaine des vérités.

D'autre part, sur le plan pratique, nous ne pouvons pas vivre dans un doute total et perpétuel. Nous ne pouvons pas ouvrir un plan à chaque fois que nous regagnons notre domicile ; nous ne pouvons raisonnablement pas douter à chaque repas du caractère comestible des aliments que nous absorbons ; nous ne pouvons pas, sous peine de passer pour fous, nous interroger sur notre identité à tout propos.

Nous ne pouvons qu'opter pour un doute toujours prêt à opérer de manière critique, et pour un esprit vigilant. Il faut se méfier de tout ce que nous tenons pour acquis, mais non de manière systématique et *a priori*. Le doute n'est vivable que si nous l'employons en tant que moyen rapporté à une fin, et jamais comme une fin en soi. Le doute doit être volontaire et maîtrisé, et non pas subi. Il répond plutôt à notre désir de libérer notre esprit de l'incertitude. Il est ce au terme de quoi nous ne « croyons » plus, mais enfin « savons ».

Conclusion

- Nous ne saurions survivre au scepticisme absolu. Nous aurions vite fait d'être conduits au suicide : si nous prétendons ne pas exister, si nous nous inquiétons de l'absence de réalité des choses qui nous entourent, alors la mort ou la folie sont notre seul horizon…
- Douter de tout est impossible (à moins d'être de mauvaise foi), et cela doit être absolument proscrit. Nous devons en revanche être toujours prêts à douter de tout ce qui est incertain, afin de mieux asseoir notre assentiment. Nous substituons ainsi à nos opinions et à nos préjugés, la vérité et le savoir.

Sujet 2 :

Étudier la nature : pour la connaître ou pour la dominer ?

Première approche

- La question suppose de manière implicite que l'étude de la nature est cause d'un certain progrès de l'esprit humain. Qu'il s'agisse de connaître la nature ou de la dominer, un certain avantage semble être en jeu pour l'homme : pouvons-nous être animés d'un désir de connaissance pour le simple plaisir de connaître ? Ou bien s'agit-il de nous rendre maîtres de la nature ?
- À quoi peut bien s'appliquer l'étude de la nature pour elle-même ? Pour le botaniste, par exemple, il peut s'agir d'établir une classification des plantes

selon leurs caractéristiques fondamentales. Ce type de connaissance fait d'abord progresser le savoir, indépendamment de toute application pratique.

- Mais si l'étude de la nature dépasse la simple observation, alors il s'agit d'opérer un véritable renversement : la connaissance des forces naturelles doit permettre à l'homme de ne plus les subir passivement, mais au contraire de les utiliser pour son propre profit. Ce qui revient à soumettre la nature à son autorité, comme le maître soumet l'esclave.

Problématique

- L'alternative est donc la suivante :
  - soit nous étudions la nature pour la connaître, et nous avons à nous demander si ce désir de connaissance est totalement désintéressé. Connaître pour connaître a-t-il un sens ?
  - soit l'étude de la nature sert un projet de domination de l'homme sur la nature, et nous pouvons nous demander si un tel projet n'est pas utopique et dangereux. L'homme est lui-même un produit de la nature. Ne joue-t-il pas aux « apprentis sorciers » en voulant mettre la nature à son service ?
- Il nous faudra donc examiner ce à quoi peut correspondre une connaissance désintéressée de la nature, et voir si cela a un sens. Car nous connaissons toujours en vue d'améliorer notre condition, et pas seulement notre savoir. D'ailleurs, connaître, savoir, n'est-ce pas déjà pouvoir ?

1. Connaître les lois de la nature

Si les hommes étudient la nature, c'est d'abord pour la connaître, c'est-à-dire pour connaître précisément les lois auxquelles elle obéit. En effet, si la nature était capricieuse, son étude serait vaine et inutile ; nous n'aurions d'autre choix que de subir passivement ses caprices. Mais c'est bien parce que les hommes ont constaté la régularité avec laquelle se meuvent les astres qu'est née l'astronomie. La science repose donc sur le postulat suivant lequel la nature est régie par des lois nécessaires et invariables. Mais ces lois ne sont pas écrites sur le tronc des arbres ou dans les entrailles des animaux ; il faut les découvrir, en soumettant la nature à un examen méthodique.

Déjà la connaissance de ces lois n'est peut-être pas parfaitement gratuite. En effet, savoir permet de prévoir. Celui pour qui le mouvement des astres n'a plus de secrets peut sans difficultés prédire la prochaine éclipse. De même, la saisie du lien causal qui relie le mouvement de la Lune et les marées terrestres permet de connaître à l'avance l'amplitude de ces marées. Peut-on encore parler d'une connaissance désintéressée de la nature ?

2. Détourner les forces de la nature

Observer la nature peut difficilement se réduire à la simple description de ses mécanismes. Une description n'est jamais innocente : décrire, c'est toujours interpréter les faits de manière à pouvoir les transformer, voire les utiliser à son profit. Le marin apprend ainsi à connaître la vitesse et la force du vent, dont dépendra l'orientation de la voile de son bateau. Si l'homme désire connaître la nature, c'est qu'il souhaite diminuer le plus possible sa dépendance par rapport à elle. Le problème devient alors celui des limites d'un tel progrès.

En rapportant un effet à sa cause (par exemple, le chimiste, en rapportant une maladie au virus qui l'a causée), nous savons à l'avance ce que cette cause aura comme effet (tel virus sera toujours cause de telle maladie), ce qui nous permet d'influer sur le cours des choses (en cherchant par exemple un vaccin susceptible d'immuniser l'organisme contre le virus en question). En quoi comprendre ne peut être un acte désintéressé : il s'agit toujours de saisir le mécanisme secret des phénomènes naturels, pour être en mesure de les devancer, de les provoquer, ou de se prémunir contre eux.

Mais que se passe-t-il lorsque, non contents de notre relatif affranchissement des contraintes que la nature exerce sur nous, nous tentons d'inverser notre rapport avec cette dernière à notre profit ? Pouvons-nous, comme nous y invite Descartes, nous rendre « comme maîtres et possesseurs de la nature » ?

3. La nature ne se laisse pas asservir

Connaître, savoir, est-ce suffisant pour faire de la nature la servante de l'homme ? Le propre de la nature, n'est-ce pas d'être rebelle à toute tentative de maîtrise ? N'est-elle pas « sauvage » par excellence ? Ne faudrait-il pas tout savoir de la nature pour pouvoir la dominer ?

Nous ne pouvons tout expliquer au sein de la nature, qui demeure encore mystérieuse pour nous à bien des égards. D'ailleurs, plus les sciences progressent, plus s'élargit sous nos yeux le champ de l'inconnu. Notre ignorance semble croître plus vite que notre savoir. Il y a donc, dans la volonté de dominer la nature, une formidable présomption. L'homme ne peut pas tout, et n'est qu'une infime partie d'un univers qui le dépasse.

À vouloir rivaliser avec la nature, l'humanité se met elle-même en péril. Ne voit-on pas qu'aujourd'hui, l'homme a les moyens d'anéantir la totalité des hommes qui vivent sur la Terre ? Ces mêmes instruments qui nous aident à vivre ou qui guérissent nos maux peuvent se retourner à tout moment contre ceux qui les utilisent. Ainsi le projet fou d'un asservissement de la nature par l'homme peut virer au pire cauchemar… pour l'homme lui-même !

Conclusion

- On ne peut pas plus prétendre connaître la nature pour le plaisir de connaître, que vouloir l'asservir. La nature, même connaissable, nous dépasse. Si un tel projet de domination de l'homme sur la nature était possible, nous aurions découvert le secret de l'immortalité.
- Il faut entendre par cette formule : « dominer la nature » une maîtrise de nos connaissances à son sujet et non une maîtrise de la nature elle-même. La véritable maîtrise est celle qui vise à mieux connaître la nature afin de mieux servir l'homme, et non à vouloir le progrès technique pour lui-même.

Commentaire d'extraits

Texte 1 :

Le rôle de la fable dans la philosophie de Descartes

Ainsi mon dessein n'est pas d'enseigner ici la méthode que chacun doit suivre pour bien conduire sa raison, mais seulement de faire voir en quelle sorte j'ai tâché de conduire la mienne. Ceux qui se mêlent de donner des préceptes, se doivent estimer plus habiles que ceux auxquels ils les donnent ; et s'ils manquent en la moindre chose, ils en sont blâmables. Mais, ne proposant cet écrit que comme une histoire, ou, si vous l'aimez mieux, que comme une fable, en laquelle, parmi quelques exemples qu'on peut imiter, on en trouvera peut-être aussi plusieurs autres qu'on aura raison de ne pas suivre, j'espère qu'il sera utile à quelques-uns, sans être nuisible à personne, et que tous me sauront gré de ma franchise.

Descartes, *Discours de la méthode*, p. 40.

problème

Comment peut-on apprendre aux hommes à bien conduire leur raison ?

thèse

La méthode par laquelle nous apprenons à penser de manière rationnelle ne s'enseigne pas ; elle doit être montrée.

développement

Introduction

- Juste avant ce passage, Descartes a annoncé avoir trouvé une méthode par laquelle il estime avoir perfectionné sa connaissance. Il s'agit d'une connaissance qui touche aussi bien le savoir théorique que la conduite de la vie.
- Bien que cette méthode consiste à révoquer tout ce qui paraît douteux, Descartes tient à ce que son lecteur ne s'enlise pas dans un doute perpétuel. Il propose sa propre démarche pour illustrer la méthode qu'il a découverte. Car le doute radical n'est pas à mettre entre toutes les mains.

1. La méthode n'est pas une théorie qui peut être apprise

La difficulté pour Descartes consiste à faire connaître sa méthode au grand public, sans pour autant l'enfermer dans deux ou trois formules savantes. La méthode par laquelle nous conduisons notre raison ne peut faire l'objet d'une théorie. Si son projet « n'est pas d'enseigner ici la méthode que chacun doit suivre pour bien conduire sa raison », c'est que Descartes entend se démarquer de l'enseignement théorique des scolastiques. La vérité et la morale ne sauraient justifier leur contenu, ni nous convaincre avec de simples dogmes ; elles doivent faire leurs preuves.

C'est pourquoi Descartes raconte sa propre expérience en guise d'exemple, comme dans un tableau. Il ne s'agit plus pour lui de dire en quoi une vertu est bonne, mais de « faire voir en quelle sorte » lui-même a « tâché de conduire » sa propre raison. Montrer au lieu d'enseigner, c'est préférer la vertu de l'exemple aux sermons moralisateurs. Car pour Descartes, prêcher la raison, c'est parler en ignorant. C'est ne pas savoir de quoi l'on parle. Or la raison et la vérité ne peuvent s'apparenter à des pétitions de principes : « Ceux qui se mêlent de donner des préceptes, se doivent estimer plus habiles que ceux auxquels ils les donnent. » Faites ce que je dis, ne faites surtout pas ce que je fais !

Autrement dit, Descartes fait fi de ceux qui enjoignent les autres à suivre la raison en faisant eux-mêmes l'économie d'une telle expérience. Si quelque chose est à enseigner, il faut non seulement l'avoir expérimenté soi-même, mais se donner soi-même pour exemple. Or ceux qui nous enseignent à conduire notre vie sous forme de préceptes, ne savent pas plus que ceux à qui ils l'enseignent ce que c'est que bien conduire sa raison...

Si la méthode est une pratique et non une théorie, et si Descartes est encore le seul à l'avoir expérimentée, il ne lui reste plus qu'à montrer en quoi il s'est efforcé de bien conduire sa raison. Pour cela, il lui faut faire de sa propre vie une « fable » philosophique.

2. Une fiction dont on peut tirer une morale

Descartes s'apprête donc à livrer le récit de sa vie au grand public, non en tant que modèle de conduite, mais en tant qu'exemple de la manière dont nous pouvons réformer nos propres habitudes de pensée. Le *Discours* est aux yeux de Descartes une « histoire » ou une « fable », qui présentera au public « quelques exemples qu'on peut imiter ». Il n'est pas question d'exhorter les hommes à imiter Descartes à la lettre. Le lecteur sera seul juge de ce qu'il sera bon de révoquer ou de conserver. Mieux, la fable sélectionne les événements qu'elle juge essentiels.

En faisant de sa méthode une fable, le philosophe fait aussi preuve d'une suprême habileté diplomatique. Au lieu d'affirmer de manière explicite son projet de se substituer aux maîtres scolastiques qu'il juge ignorants, Descartes emprunte le ton modeste de celui qui n'est pas sûr que son exemple doive être suivi par tous les hommes. Il fait comme si sa méthode ne concernait que lui, et comme si l'exemple de sa propre réforme n'en était qu'un échantillon parmi d'autres.

« On aura raison, dit Descartes, de ne pas suivre » certains des exemples que j'expose. Ce n'est pas là une simple coquetterie d'auteur, ni lorsqu'il affirme espérer que le *Discours* « sera utile à quelques-uns, sans être nuisible à personne ». À une époque où l'on est brûlé vif quand on ose remettre en question les dogmes de l'Église (comme ce fut le cas de Giordano Bruno[1]), le lecteur de Descartes peut comprendre qu'il était plutôt audacieux d'oser publier le *Discours*. Engagé dans une quête de vérité à laquelle une vie entière ne saurait suffire, Descartes espère éviter toute querelle afin de ne pas gaspiller son temps à répondre aux objections que l'on pourrait formuler à l'encontre d'un traité qui se voudrait lui aussi dogmatique. En adoptant le mode d'exposition de la fable, Descartes évite que les autorités religieuses ne se formalisent.

Aussi est-il en droit d'espérer « que tous » lui « sauront gré » de sa « franchise » : Descartes ne compte pas endoctriner ses lecteurs, mais simplement montrer en quoi sa propre méthode lui a réussi. Il ne peut donc pas être blâmé des résultats de sa méthode.

Conclusion

- La fable est le subterfuge littéraire par lequel Descartes adopte une position philosophique révolutionnaire : Lecteurs, jugez par vous-mêmes le récit que je fais de ma propre vie, et voyez combien la raison n'est pas ce qu'en disent nos théologiens. Elle loge en nous-mêmes, et ma méthode vous montre comment nous pouvons tous en faire un bon usage.

1. Voir **La révolution scientifique du XVIIe siècle**, p. 15.

Texte 2 :

Le projet de réforme de nos propres pensées

Il est vrai que nous ne voyons point qu'on jette par terre toutes les maisons d'une ville, pour le seul dessein de les refaire d'autre façon, et d'en rendre les rues plus belles ; mais on voit bien que plusieurs font abattre les leurs pour les rebâtir, et que même quelquefois ils y sont contraints, quand elles sont en danger de tomber d'elles-mêmes, et que les fondements n'en sont pas bien fermes. À l'exemple de quoi je me persuadai, qu'il n'y aurait véritablement point d'apparence qu'un particulier fît dessein de réformer un État, en y changeant tout dès les fondements, et en le renversant pour le redresser ; ni même aussi de réformer le corps des sciences, ou l'ordre établi dans les écoles pour les enseigner ; mais que, pour toutes les opinions que j'avais reçues jusques alors en ma créance, je ne pouvais mieux faire que d'entreprendre, une bonne fois, de les en ôter, afin d'y en remettre par après, ou d'autres meilleures, ou bien les mêmes, lorsque je les aurais ajustées au niveau de la raison. Et je crus fermement que, par ce moyen, je réussirais à conduire ma vie beaucoup mieux que si je ne bâtissais que sur de vieux fondements, et que je ne m'appuyasse que sur les principes que je m'étais laissé persuader en ma jeunesse, sans avoir jamais examiné s'ils étaient vrais.

Descartes, *Discours de la méthode*, p. 46-47.

problème

Sur quels principes s'appuyer pour progresser dans la recherche de la vérité ?

thèse

Dans le domaine du savoir, mieux vaut tout reconstruire soi-même depuis les fondements.

développement

Introduction

- Il est des domaines où l'on ne peut faire du neuf avec de l'ancien. Descartes ne peut élever un nouvel édifice du savoir sur des fondements

instables ou peu assurés. Aussi lui faut-il faire « table rase » de tous les principes qu'on lui a enseignés jusqu'ici.
- On ne doute pas n'importe comment, et l'on n'établit pas de certitude de manière arbitraire. Réformer sa propre pensée nécessite une certaine méthode, qui veut que l'on accorde autant d'importance aux fondements de la vérité qu'à son contenu même. Le vrai se construit, comme l'architecte fabrique la maison.

1. L'ordre ne peut naître du désordre

Contrairement au désordre d'une pièce ou d'un bureau auquel on peut mettre fin par le rangement, la confusion qui règne dans le domaine des idées ne se laisse pas facilement combattre. Dans le champ de nos pensées, il faut, selon Descartes, une méthode, un plan de mise en ordre. Il y a une façon de mettre nos pensées en ordre, et cet ordonnancement doit être antérieur à sa réalisation : « [...] nous ne voyons point qu'on jette par terre toutes les maisons d'une ville, pour le seul dessein de les refaire d'autre façon ». Si le désordre doit être détruit, cela ne peut avoir lieu que progressivement. Car faire table rase de tout ce qui existe, c'est ajouter au désordre un nouveau désordre.

Il y a une façon de déconstruire, ainsi qu'une manière de construire. Car souvent, les hommes « sont contraints » de raser leur maison pour en reconstruire une autre, lorsque « les fondements n'en sont pas bien fermes ». La solidité de la vérité repose sur celle de ses fondements, de la même manière que la solidité de la maison dépend de la fermeté de ses soubassements. Il s'ensuit que l'ordre est premier par rapport au désordre, comme la cause est antérieure à ses effets.

Il apparaît que la mise en place de l'ordre ne saurait être le fruit du hasard. Même incertaine, la pensée ne doit pas être réformée de telle manière que nous ne puissions plus nous fier à quoi que ce soit. En attendant de trouver le vrai, il nous faut continuer à penser.

2. La pensée ordonnée n'est l'œuvre que d'un seul homme

« [...] il n'y aurait véritablement point d'apparence, dit Descartes, qu'un particulier fît dessein de réformer un État, [...] en le renversant pour le redresser ». Si l'on ne réforme pas ses pensées comme l'on réforme un État, c'est qu'au terme de cette réforme, la pensée ne doit plus être la même. Quelque chose doit changer, et l'entreprise de déconstruction de nos habitudes de pensée ne doit pas nous faire retourner au point de départ. La réforme de nos pensées n'est donc pas une fin en elle-même, mais un moyen. Plus particulièrement, on ne doit pas confondre l'entreprise publique par laquelle nous réformons un État, et celle, personnelle, par laquelle un homme réforme ses propres pensées. Nul autre que moi-même ne peut être juge de ce qu'il me faut révoquer ni de ce qu'il me faut conserver. Si la réforme de la pensée est propre à chaque homme, pris individuellement, c'est qu'il s'agit là d'un ajustement de nos opinions « au niveau de la raison ». Or, ma raison n'est pas la raison d'État. Rien ni personne ne peut me contraindre à sacrifier ma raison au nom d'un principe supérieur. Je suis le seul propriétaire de ma raison ; c'est à moi qu'il appartient d'en modifier l'usage. Ainsi, l'ordre dans la pensée ne peut provenir que de cette même pensée, et non de l'avis d'une tierce personne.

Parce que tous les hommes ont été enfants avant d'être des adultes, et parce qu'on leur a inculqué des principes avant même qu'ils soient en âge de les comprendre, personne n'est en mesure de pouvoir prétendre me conseiller en matière de bonne conduite. Nous sommes en cela tous égaux devant les préjugés et la méconnaissance. C'est pourquoi je ne peux qu'ôter « toutes les opinions que j'avais reçues », afin de les remplacer par « d'autres meilleures, ou bien les mêmes ». On voit en quoi la réforme de la pensée n'est pas une affaire de spécialistes ni même un métier. C'est une initiative totalement personnelle parce qu'inédite. Il s'agit de ne pas répéter les mêmes erreurs, et d'en tirer des leçons.

Nul autre que moi-même ne peut donc se substituer à ma propre expérience. Car la méthode par laquelle nous réformons nos pensées est bien une pratique et non une théorie. C'est là une question de discernement qui échappe à l'intérêt public, et c'est aussi la condition *sine qua non* de l'authenticité de la démarche cartésienne.

Conclusion

- Contrairement à la dispersion inhérente aux changements successifs des États, la réforme de nos pensées doit répondre à un souci d'unité : si la société échoue à trouver la stabilité, notre pensée doit, quant à elle, veiller à la satisfaction de notre besoin spirituel d'unité. Et, à défaut d'être extérieure, cette unité ne peut être qu'intérieure.
- Ainsi, ce que fait un seul homme guidé par sa seule raison, est plus bénéfique pour l'esprit que ce qu'une armée d'hommes peut faire au gré des circonstances. Car la bonne volonté n'est pas le garant de l'action bonne. Descartes pose ici la supériorité du raisonnement sur la force physique, ainsi que la supériorité de l'esprit de finesse sur la puissance des pouvoirs publics.

Autour de l'œuvre

1. Descartes et Montaigne

Sur bien des points, Descartes s'est fortement inspiré de Montaigne. L'auteur des *Essais* était déjà conscient du fait qu'en toutes choses, la vérité ne réside pas dans l'érudition. Si l'érudition est un luxe, elle ne doit pas masquer l'importance du rôle que joue le doute dans la connaissance. Montaigne entendait déjà la « suspension du jugement » comme la condition d'accès à la tranquillité de l'esprit. Le jugement n'est jamais définitif, mais l'exercice sans cesse renouvelé de l'esprit. Autrement dit, ce qui importe, ce n'est pas tant le jugement en tant que tel, que l'activité même de juger. Douter, c'est penser.

« Le grand monde [...] je veux que ce soit le livre de mon écolier. »

Montaigne, *Essais*, I, XXVI.

« Je propose des fantaisies informes et irrésolues [...] et les soumets aux jugements de ceux à qui il touche de régler, non seulement mes actions et mes écrits, mais encore mes pensées [...], me remettant toujours à l'autorité de leur censure, qui peut tout sur moi. »

Montaigne, *Essais*, I, LVI.

« Tous jugements en gros sont lâches et imparfaits. »

Montaigne, *Essais*, III, IX.

« La vraie liberté, c'est pouvoir toute chose sur soi. »

Montaigne, *Essais*, III, XII.

2. Descartes et Galilée

Descartes n'a pas publié son *Traité du monde* car il y approuvait la théorie galiléenne du mouvement de la Terre : la physique cartésienne admet la thèse de Galilée selon laquelle ce n'est pas le Soleil qui tourne autour de la Terre, mais la Terre qui se meut autour du Soleil. L'étude du flux et du reflux de la mer, présentée dans les *Principes de la Philosophie* de Descartes, doit beaucoup à l'usage que Galilée en fit comme preuve de la réalité du mouvement de la Terre. Bien plus, Descartes lui doit l'idée selon laquelle la langue mathématique permet de déchiffrer le grand livre de la nature. Descartes reprend le flambeau de l'esprit de conquête galiléen, qui substitue à l'obscurantisme des scolastiques la recherche rationnelle. Désormais, le critère de la vérité est la conformité à des principes ou à des règles préalablement définis.

La philosophie est écrite dans ce vaste livre constamment ouvert devant nos yeux (je veux dire l'Univers) et on ne peut le comprendre si d'abord on n'apprend à connaître la langue et les caractères dans lesquels il est écrit. Or il est écrit une langue mathématique et ses caractères sont le triangle, et le cercle, et autres figures géométriques, sans lesquelles il est humainement impossible d'en comprendre un mot.

Galilée, *Œuvres*, t. VI.

Je trouve, en général, qu'il [*Galilée*] philosophe beaucoup mieux que le vulgaire, en ce qu'il quitte le plus les erreurs de l'École et tâche à examiner les matières physiques par des raisons mathématiques. En cela, je m'accorde entièrement avec lui, et je tiens qu'il n'y a point d'autre moyen pour trouver la vérité.

Descartes, *Lettre à Mersenne*, octobre 1638.

Galilée ne pourrait pas être vraiment le fondateur d'une science nouvelle, s'il ne possédait pas une théorie philosophique de la connaissance, à la lumière de laquelle il mesure la valeur et construit l'édifice des principes de sa physique. Et, d'autre part, le même jugement commun lui fait un mérite d'avoir enseigné la méthode expérimentale, ce qui ne veut pas dire purement et simplement l'emploi d'instruments techniques, mais bien un critérium absolument nouveau de la vérité fondé sur un postulat rationaliste ; de sorte qu'une histoire qui veut comprendre les origines de la pensée moderne ne peut se dispenser de l'examen de sa personnalité philosophique. Par contre, ce qui pousse le philosophe Descartes à philosopher, c'est la science elle-même, d'où il tire sa foi dans la raison humaine. Et c'est cette raison qui aboutit à l'explication cosmologique plus ample que nous trouvons dans le *Traité du monde* qu'il renonça à publier dans son intégrité à la suite de la condamnation de Galilée.

F. Enriques, « Descartes et Galilée », in *Études sur Descartes*, Armand Colin, 1937.

3. Je pense me promener, donc je suis

Descartes répond ici à Gassendi, qui, dans ses objections contre la *Seconde Méditation*, se moquait de la démarche cartésienne en ces termes : « Je ne vois pas que vous ayez eu besoin d'un si grand appareil, puisque d'ailleurs vous étiez déjà certain de votre existence, et que vous pouviez inférer la même chose de quelque autre que ce fût de vos actions. » Descartes différencie la preuve de l'existence de l'esprit (qui est évidente), de celle de l'existence du corps, qui peut s'avérer trompeuse. Autrement dit, quand je pense me promener, je ne suis certain que de la réalité de ma propre pensée, non de celle de ma promenade ou de mon corps (il se pourrait fort bien que je sois en train de rêver que je me promène).

Quelle raison avez-vous de dire qu'il n'était pas « besoin d'un si grand appareil[1] pour prouver mon existence » ? Certes je pense avoir fort bonne raison de conjecturer[2] de vos paroles mêmes que l'appareil dont je me suis servi n'as pas encore été assez grand, puisque je n'ai pu faire encore que vous comprissiez bien la chose ; car, quand vous dites que j'eusse pu conclure la même chose de chacune autre de mes actions indifféremment[3], vous vous méprenez bien fort, parce qu'il n'y en a pas une de laquelle je sois entièrement certain, j'entends de cette certitude métaphysique[4] ; de laquelle seule il est ici question, excepté la pensée. Car, par exemple, cette conséquence ne serait pas bonne : *Je me promène, donc je suis*, sinon en tant que la connaissance intérieure que j'en ai est une pensée, de laquelle seule cette conclusion est certaine, non du mouvement du corps, lequel parfois peut être faux, comme dans nos songes, quoiqu'il nous semble alors que nous nous promenions, de façon que de ce que je pense me promener je puis fort bien inférer[5] l'existence de mon esprit, qui a cette pensée, mais non celle de mon corps, lequel se promène. Il en est de même de tous les autres[6].

Descartes, *Méditations métaphysiques*,
Réponses aux Cinquièmes Objections,
trad. Clerselier, Garnier, pp. 792-793

4. L'évidence

Aux yeux du prêtre catholique et théologien hollandais Caterus, l'évidence de la démonstration cartésienne de l'existence de Dieu est suspecte : il s'agirait d'une évidence usurpée, ou d'une apparence d'évidence qui ne réside que dans les mots. Dire que j'ai l'idée de perfection en moi et en déduire qu'il faut bien que Dieu en soit l'auteur, ce n'est pas être la cause de ce que l'on affirme. Ce n'est pas autre chose qu'un abus de langage. On

1. *D'un tel déploiement d'arguments.*
2. *Présumer, tenir pour probable.*
3. *De n 'importe laquelle de mes autres actions.*
4. Il n'est nullement question ici des évidences sensibles (je sais que j'ai un corps, puisque je peux le toucher ou le voir dans le miroir), mais de l'intuition première et tout intérieure que la conscience a d'elle-même.
5. *Tirer comme conséquence.*
6. *De toutes les autres actions.*

fait d'une simple hypothèse ou d'une possibilité, une nécessité. Or si je ne suis pas moi-même la cause ou l'auteur de l'idée de perfection, de quel droit, objecte Caterus, puis-je prétendre que Dieu en est le dépositaire ? En d'autres termes, l'idée d'une chose n'équivaut en rien à l'existence de cette chose. Car il n'y a aucune nécessité à ce que ce à quoi je pense existe.

Je pense, dit-il, donc je suis ; voire même je suis la pensée même, ou l'esprit. Cela est vrai. Or est-il qu'en pensant j'ai en moi les idées des choses, et premièrement celle d'un être très parfait et infini. Je l'accorde. mais je n'en suis pas la cause, moi qui n'égale pas la réalité objective d'une telle idée ; donc quelque chose de plus parfait que moi en est cause ; et partant il y a un être différent de moi qui existe, et qui a plus de perfections que je n'ai pas. [...]

Pourquoi donc recherché-je la cause d'une chose, qui actuellement n'est point, qui n'est qu'une simple dénomination et un pur néant ? [...] Donc j'ai des idées, mais il n'y a point de causes de ces idées ; tant s'en faut qu'il y en ait une plus grande que moi et infinie.

Caterus (J. de Kater), *Premières Objections*,
in *Méditations métaphysiques* de Descartes
GF-Flammarion, 1979, pp. 199-200.

5. L'imagination et l'entendement

Hobbes reproche à Descartes d'avoir confondu l'imagination – par quoi nous *avons* une idée de quelque chose –, et l'entendement, par quoi nous *démontrons* que quelque chose existe. On ne peut, selon Hobbes, donner une réalité concrète à une simple pensée. Ainsi, penser à un être composé d'une tête de chien et doté de jambes de cheval ne le fait pas exister pour autant (indépendamment du fait que nous savons qu'un tel être n'existe pas). On peut tout se permettre par le langage, mais non pas accorder une existence à ce qui n'existe après tout peut-être pas. On ne dérive pas l'existence de corps matériels de l'existence de l'esprit.

Il y a grande différence entre imaginer, c'est-à-dire avoir quelque idée, et concevoir, de l'entendement, c'est-à-dire conclure, en raisonnant, que quelque chose est ou existe ; mais Monsieur Descartes ne nous a pas expliqué en quoi ils diffèrent. Les anciens péripatéticiens[1] ont aussi enseigné assez clairement que la substance ne s'aperçoit point par les sens, mais qu'elle se collige[2] par la raison.

1. Les aristotéliciens.
2. *Relier en vue d'une synthèse.*

Que dirons-nous maintenant, si peut-être le raisonnement n'est rien autre chose qu'un assemblage et enchaînement de noms par ce mot *est* ? D'où il s'ensuivrait que, par la raison, nous ne concluons rien du tout touchant la nature des choses, mais seulement touchant leurs appellation, c'est-à-dire que, par elle, nous voyons simplement si nous assemblons bien ou mal les noms des choses, selon les conventions que nous avons faites à notre fantaisie touchant leurs significations. Si cela est ainsi, comme il peut être, le raisonnement dépendra des noms, les noms de l'imagination, et l'imagination peut-être (et ceci selon mon sentiment) du mouvement des organes corporels ; et ainsi l'esprit ne sera rien autre chose qu'un mouvement en certaines parties du corps organique.

Hobbes, *Troisièmes Objections* (« Objection quatrième »),
in *Méditations métaphysiques* de Descartes,
Paris, GF-Flammarion, 1979, p. 275.

Accueil et postérité

1. Science et rationalité

Aux yeux de Pascal, la philosophie, et *a fortiori* la physique cartésienne, est une pure perte de temps. Alors que Descartes prétend fonder toute vérité sur l'existence d'un Dieu garant, sa philosophie s'avère en réalité très bien pouvoir se passer de Dieu. La physique, telle que Descartes la conçoit – c'est-à-dire à partir de l'étendue et du mouvement –, fait du monde un pur mécanisme où Dieu n'a pas sa place. Dès lors, Descartes, selon Pascal, se fourvoie dans un athéisme masqué. Descartes erre dans un monde sans cause, en prenant cette absence de cause pour une cause... La raison n'est pas à l'abri de l'erreur.

Il faut dire en gros : *Cela se fait par figure et mouvement*, car cela est vrai. Mais de dire quels et composer la machine, cela est ridicule, car cela est inutile et incertain et pénible. Et quand cela serait vrai, nous n'estimons pas que toute philosophie vaille une heure de peine.

Pascal, *Pensées*, n° 79, éd. Brunschvicg.

2. Les rapports entre l'âme et le corps

Spinoza reproche à Descartes de retomber dans l'écueil des scolastiques, là où ce dernier entendait justement faire preuve de nouveauté. Si Descartes compte substituer la clarté à l'obscurité des anciens, son explication du rapport de l'âme au corps demeure, selon Spinoza, énigmatique : comment peut-on prêcher la clarté et la distinction des idées, lorsque l'on concilie l'union de l'âme et du corps pourtant distincts ? Si l'on peut très bien concevoir que tous deux sont distincts l'un de l'autre, on comprend moins comment ces derniers seraient néanmoins unis.

Vraiment, je ne puis assez m'étonner que ce philosophe, qui s'était fermement résolu à ne rien déduire que de principes connus en eux-mêmes, et à ne rien affirmer qu'il ne perçût clairement et distinctement, et qui avait si souvent reproché aux Scolastiques de vouloir expliquer les choses obscures par des qualités occultes, soutienne une hypothèse plus occulte que toute qualité occulte. Qu'entend-il, je le demande, par union de l'esprit et du corps ? Quel concept clair et distinct, dis-je, a-t-il d'une pensée très étroitement unie à une certaine petite portion de la quantité ? Je voudrais vraiment qu'il eût expliqué cette union par sa cause prochaine. Mais il avait conçu l'esprit tellement distinct du corps qu'il ne put assigner aucune cause singulière ni à cette union ni à l'esprit lui-même, et qu'il a été nécessaire d'avoir recours à la cause de l'Univers entier, c'est-à-dire à Dieu.

Spinoza, *Éthique*, V.

3. Le *cogito*

Hegel reconnaît à Descartes le mérite d'avoir enfin osé faire de la pensée son propre objet : la pensée se pense elle-même, elle se réfléchit. En faisant du *cogito* la vérité première par laquelle nous pouvons appréhender d'autres vérités, Descartes a libéré la philosophie de la tutelle de la théologie. Même s'il fait de Dieu le garant de toutes les vérités, la tâche de la philosophie n'est plus de se demander ce qu'est Dieu, mais comment le monde physique se maintient. Par ce biais, la pensée, sous-entend Hegel, ne se perd plus dans la diversité du sensible et impose à ce dernier ses propres règles. Pour Hegel, comme pour Descartes, est réel ce qui répond aux exigences de la raison. C'est là une voie ouverte à la philosophie moderne.

René Descartes est de fait le véritable initiateur de la philosophie moderne, en tant qu'il a pris le penser pour principe. Le penser pour lui-même est ici distinct de la théologie philosophante, qu'il met de côté ; c'est un nouveau sol. On ne saurait se représenter dans toute son ampleur l'influence que cet homme a exercée sur son époque et sur les temps modernes. Il est ainsi un héros qui a repris les choses entièrement par le commencement, et a constitué à nouveau le sol de la philosophie, sur lequel elle est enfin retournée après que mille années se soient écoulées. L'influence considérable que Descartes a exercée sur son époque et sur la formation de la philosophie en général tient principalement à la manière libre et simple et en même temps populaire par laquelle, écartant toute présupposition, il est parti de la pensée populaire elle-même et de propositions tout à fait simples, et a ramené le contenu à la pensée et à l'étendue ou être, mettant pour ainsi dire devant la pensée cet opposé qui est le sien.

Hegel, *Histoire de la philosophie*,
trad. P. Garniron, Vrin, vol. VI, 1991.

4. « Je pense, donc je suis » : un évidence trompeuse

Selon Nietzsche, nous avons toutes les raisons de douter du *cogito* que Descartes établit comme certain. Dire « Je pense, donc je suis » est un abus de langage qui masque une simple « croyance ». Il n'y a en réalité aucune déduction fondée ici. Pour Nietzsche, la pensée ne prouve pas qu'il existe un sujet qui en soit la cause. Plutôt que sujet de la pensée, nous sommes au contraire traversés par un flux de pensées que nous ne maîtrisons pas. Ainsi, la certitude immédiate du « je pense » n'est qu'un piège de la grammaire, qui fige un simple mirage en réalité immuable.

Soyons plus prudents que Descartes qui est resté pris au piège des mots. *Cogito*, à vrai dire, n'est qu'un seul mot, mais le sens en est complexe. (Il ne manque pas de choses complexes que nous empoignons brutalement, croyant de bonne foi qu'elles sont simples.) Dans ce célèbre *cogito*, il y a : 1° quelque chose pense ; 2° je crois que c'est moi qui pense ; 3° mais en admettant même que ce deuxième point soit incertain, étant matière de croyance, le premier point : quelques chose pense, contient également une croyance, celle que « penser » soit une activité à laquelle il faille imaginer un *sujet*, ne fût-ce que « quelques chose » ; et l'*ergo sum* ne signifie rien de plus. Mais c'est la croyance à la grammaire, on suppose des « choses » et leurs « activités », et nous voilà bien loin de la certitude immédiate. Faisons donc abstraction de ce « quelque chose » problématique et disons *cogitatur*, pour constater un état de fait sans y mêler d'articles de foi : nous nous ferons illusion une fois encore, car même la forme passive contient des articles de foi, outre des « états de fait » ; somme toute, c'est justement l'état de fait que l'on n'arrive pas à présenter tout nu ; les formules *cogito, cogitat, cogitatur* contiennent toutes une « croyance » ou une « opinion ». Qui est-ce qui nous garantit que grâce à l'*ergo* nous n'enlevons pas quelque chose à cette croyance ou à cette opinion, si bien qu'il ne reste plus que ceci : « Quelque chose est cru, donc quelque chose est cru » – cercle vicieux !

Nietzsche, *La Volonté de puissance*,
trad. G. Bianquis, t. I, livre 1, Gallimard, 1947, § 98, pp. 65-66.

5. Expérience et appropriation de la vérité

Selon Husserl, Descartes est celui qui a osé philosopher à son propre compte, c'est-à-dire en faisant fi de la tradition. Plus rien n'est certain, tout est sujet à examen. On ne se repose plus sur les Anciens ni sur aucun acquis. Le mérite de Descartes est d'avoir tenté de saisir les choses telles qu'elles sont, et non à travers l'écran que constituent nos préjugés, habitudes de pensée et doctrines. La philosophie cartésienne se soucie des choses, et non du caractère infaillible d'un système philosophique. C'est dire que la vérité est l'affaire d'une appropriation personnelle qui exige que l'on se désapproprie ce qui nous vient de l'extérieur. La pratique du doute chez Descartes est une démarche essentielle qui va au cœur des choses. On ne discute plus des choses, on ne se dispute plus à leur sujet, mais on les appréhende pour ce qu'elles sont, indépendamment de tout intérêt de la raison.

Quiconque veut vraiment devenir philosophe devra *une fois dans sa vie* se replier sur soi-même et, au-dedans de soi, tenter de renverser toutes les sciences admises jusqu'ici et tenter de les reconstruire. La philosophie – la sagesse – est en quelque sorte une affaire personnelle du philosophe. Elle doit se constituer en tant que *sienne*, être *sa* sagesse, *son* savoir qui, bien qu'il tende vers l'universel, soit acquis par lui et qu'il doit pouvoir justifier dès l'origine et à chacune de ses étapes, en s'appuyant sur ses intuitions absolues.

Husserl, *Méditations cartésiennes* (introduction),
trad. G. Peiffer et E. Levinas, Paris, Vrin, 1986, p. 2.

6. Est-il légitime de faire « table rase du passé » ?

Jean-François Revel reproche à Descartes de faire table rase des méthodes scientifiques antérieures, comme si l'accumulation de siècles de travail et de recherche n'avait servi à rien. Descartes, loin de faire cas des éventuelles remises en cause de sa conception de la science, ramène tout à cet unique principe garant de toute vérité : Dieu. En d'autres termes, Descartes aurait eu la prétention de faire commencer la science avec sa propre méthode, gommant ainsi toute notion de temps. Avec lui, point de discontinuité ni d'obstacles au sein d'une théorie ; la méthode du *Discours de la méthode* vaut éternellement et ne varie pas.

Une telle conception de la philosophie constitue une régression considérable par rapport à tout le travail critique accompli au XVe et au XVIe siècle. Descartes recommence tranquillement à identifier la philosophie à la totalité de la connaissance et de l'action (« la prudence dans les affaires »), il écarte par conséquent le sentiment des différences, de la technicité particulière à chaque domaine théorique ou pratique, de la diversité des objets et des hommes, que la Renaissance avait, pièce à pièce, opposé au dogmatisme unitaire de la scolastique médiévale. Il élimine aussi la dimension historique de la connaissance, sa progressivité, l'acceptation moderne de l'impitoyable « au fur et à mesure » de notre compréhension du réel. Il en élimine aussi, de ce fait, bien entendu, le caractère collectif, signe distinctif du travail scientifique, c'est-à-dire la complémentarité des résultats, leur caractère accumulatif, et leur continuité de génération en génération. Descartes pense en outre naïvement, en philosophe à l'ancienne mode, que, pendant des milliers d'années, tous les humains avant lui, et notamment les plus brillants penseurs, n'ont fait que battre la campagne et qu'à un moment donné du temps a surgi un individu, qui, sans qu'on puisse s'expliquer cette discontinuité soudaine, que rien n'a préparée, non seulement résout tous les problèmes sur lesquels ses prédécesseurs se sont acharnés en vain, mais les résout une fois pour toutes. Cette façon de peindre l'apparition soudaine de la vérité, au travers d'un homme unique chargé de la manifester, s'apparente plus à la vision religieuse qu'à la connaissance scientifique, même si c'est la « raison » qui est mise en œuvre ou du moins invoquée dans cette démarche. Pourquoi cet homme se met-il brusquement à se servir correctement de sa raison, sans que rien avant lui ne l'y incite, ni autour de lui ne l'y aide ? Descartes, sans répondre à la question, se borne à constater qu'il est l'heureux élu. « Il y a eu de tout temps de grands hommes, écrit-il – toujours dans la préface des *Principes* – qui ont tâché de trouver... la sagesse... Toutefois *je ne sache point qu'il y en ait eu jusqu'à présent à qui ce dessein a réussi*[1] ».

Jean-François Revel, *Descartes inutile et incertain*,
Paris, éd. Stock, 1976, pp. 19-21.

Claude Nicolas Ledoux, *Vue perspective de la ville de Chaux*, XVIIIe siècle.

« [...] les bâtiments qu'un seul architecte a entrepris et achevé, ont coutume d'être plus beaux et mieux ordonnés, que ceux que plusieurs ont tâché de raccomoder, en faisant servir de vieilles murailles qui avaient été bâties à d'autres fins. » Descartes, *Discours de la méthode*, p. 45.

Si Descartes fait partiellement table rase du passé, c'est parce que, quand on mène à bien un projet seul – des principes jusqu'à la réalisation finale –, on parvient à de meilleurs résultats qu'en superposant des ouvrages disparates.

1. C'est moi qui souligne.

7. Descartes pris au piège par son propre doute

À force de vouloir échapper au doute radical des sceptiques, Descartes, selon André Glucksmann, se serait laissé piéger par son propre doute méthodique : la suspension du jugement, condition de notre liberté, prend Descartes à son propre piège. En étant libre de douter de tout, on court le risque de considérer comme certain ce que bon nous semble. Tel l'arroseur arrosé, Descartes, libre de douter de tout, est libre de tout affirmer comme certain. Ainsi, le doute cartésien méthodique serait aussi aveugle que le doute radical des sceptiques.

Doute pour doute. Le soupçon vient vite : sous le prétexte de combattre le scepticisme avec ses propres armes, la nouvelle philosophie entretient, réanime, arme et finalement sacre un nihilisme qui, malgré Descartes et, disent les méchantes langues, grâce à lui, devient la secrète doctrine de la modernité. Tel s'insinue, très tôt, l'avis d'un illustre cartésien, Bossuet, qui préside alors aux destinées de l'Église de France : « Je vois [...] un grand combat se préparer contre l'Église, sous le nom de la philosophie cartésienne. Je vois naître de son sein et de ses principes, à mon avis mal entendus, plus d'une hérésie ; et je prévois que les conséquences qu'on en tire contre les dogmes que nos pères ont tenus, la font rendre odieuse et feront perdre à l'Église tout le fruit qu'elle en pouvait espérer. » Descartes aurait ainsi travaillé, involontairement, contre lui-même et sapé les fondements qu'il croyait si fermement établir. Cette trappe qu'il ouvrit sous les nihilistes, voilà qu'il y tombe dans les éclats de rire que suscite bientôt un dupeur dupé. Au centre du dispositif, ressort secret du revirement, il y a, selon Bossuet, le doute. « Sous prétexte qu'il ne faut admettre que ce qu'on entend clairement (ce qui, réduit à certaines bornes, est très véritable), chacun se donne la liberté de dire : j'entends ceci, et je n'entends pas cela ; et sur ce seul fondement on approuve et rejette tout ce qu'on veut [...]. Il s'introduit, sous ce prétexte, une liberté de juger, qui fait que, sans égard à la tradition, on avance témérairement tout ce qu'on pense. » Le piège se serait ainsi refermé sur le piégeur.

André Glucksmann, *Descartes c'est la France*,
Paris, Flammarion, 1987, pp. 52-53.

Glossaire

âme

Pour Descartes, l'âme est une substance pensante. Mais l'âme cartésienne a perdu les résonances « animistes » qu'elle avait dans la philosophie aristotélicienne : elle ne possède pas de fonction vitale ; elle est seulement substance pensante. Plus complexes sont les rapports entre l'âme et le corps. Si Descartes affirme l'autonomie du fonctionnement du corps par rapport à l'âme, il reconnaît aussi que l'âme est une « partie distincte du corps » (*Discours de la méthode*, p. 68). L'union de l'âme et du corps est certes évidente du point de vue du « vécu » individuel, mais obscure du point de vue de la connaissance. La science exige néanmoins qu'on les distingue radicalement, pour pouvoir énoncer les lois fondamentales du mécanisme. (Voir « substance ».)

bonheur

Le bonheur est pour Descartes inséparable de la sagesse. La méthode est essentiellement pratique, et de ce fait, elle doit procurer contentement et bien-être à celui qui l'a bien appliquée. Être content de soi-même, voir clair en ses idées et être assuré de la véracité de celles-ci, c'est être dans le vrai. Et être dans le vrai, d'après Descartes, remplit le sujet d'une joie qu'aucune jouissance matérielle ne peut égaler. Il s'agit en effet d'un bien impérissable contre lequel la fortune ne peut rien. Agir avec méthode, c'est aussi savoir ne pas dépasser les bornes de ce qu'il m'est possible d'avoir ; c'est savoir me contenter de ce que j'ai : « [...] tâcher toujours plutôt à [...] changer mes désirs que l'ordre du monde », pour m'éviter « de rien désirer à l'avenir que je n'acquisse » (*Discours de la méthode*, p. 54). [Voir « sagesse ».]

bon sens

Le bon sens est la faculté de juger, de distinguer le vrai du faux. Descartes l'appelle parfois « lumière naturelle » : « La faculté de connaître que Dieu nous a donnée, que nous appelons lumière naturelle, n'aperçoit jamais aucun objet qui ne soit vrai en ce qu'elle l'aperçoit, c'est-à-dire, en ce qu'elle connaît clairement et distinctement. » (*Principes de la philosophie*, I, § 30.) Mais le bon sens n'est pas suffisant pour bien juger. Il lui faut une méthode, qui se serve de l'analyse et de la déduction, et qui conclue à la vérité par le critère de l'évidence. (Voir « certitude », et « vérité ».)

certitude

Il existe chez Descartes deux sortes de certitude : la certitude morale (voir « morale ») et la certitude métaphysique : « [...] lorsque nous pensons qu'il n'est aucunement possible que la chose soit autre que nous la jugeons. Et elle est fondée sur un principe de métaphysique très assuré, qui est que Dieu étant souverainement bon et la source de toute vérité, puisque c'est lui qui nous a créés, il est certain que la puissance ou faculté qu'il nous a donnée pour discerner le vrai d'avec le faux ne se trompe point lorsque nous en usons et qu'elle nous montre évidemment qu'une chose est vraie. » (*Principes de la philosophie,* IV, § 206.)

création continuée

Quoiqu'en puisse dire Pascal (voir **Documents**, Accueil et postérité, p. 129), le système cartésien ne se sert pas de Dieu de manière momentanée et opportuniste. Il n'y a de « chiquenaude » divine nulle part, mais au contraire une création perpétuelle. Si Dieu cessait d'exercer son action toute-puissante, les êtres et le monde cesseraient d'exister : « Ni l'homme ni le monde ne sont semblables à des machines qui, une fois montées, se mènent seules quelque temps, quoique abandonnées de l'ouvrier. » (Voir « Dieu ».)

Dieu

Seul Dieu peut lever le doute ; autrement dit, dans la pensée de Descartes, sans Dieu, pas de vérités mathématiques éternelles, ni de lois physiques. Les preuves de l'existence de Dieu doivent « égaler, voire même surpasser en certitude et évidence les démonstrations en géométrie ». Pascal s'élèvera vivement contre ce Dieu qui est prouvé, mais jamais senti. Chez Descartes, dira Pascal, il n'est jamais question de foi. Mais la rationalité des preuves de l'existence de Dieu sont, pour Descartes, nécessaires, car de Dieu dépendent toutes les lois de la nature, toutes les vérités scientifiques : il est le principe absolument premier. « Les vérités mathématiques [...] ont été établies de Dieu et en dépendent entièrement, aussi bien que tout le reste des créatures. C'est Dieu qui a établi ces lois en la nature ainsi qu'un roi établit des lois en son royaume. » (*Lettre à Mersenne,* 15 avril 1630.)

doute

Il faut distinguer le doute des sceptiques, lesquels ne doutent que pour douter, et le doute méthodique de Descartes. L'esprit se demande si telle représentation ou telle énonciation est vraie ou fausse, mais cette remise en question aboutit chez Descartes à des certitudes : le *cogito*, l'existence de Dieu, les lois du monde. Le doute n'aura donc été pour Descartes qu'un moyen, un instrument au service de la vérité. Il n'est, chez Descartes, qu'un moment provisoire.

espace

Chez Descartes, l'espace se réduit à une pure étendue géométrique. Ce que nous prenons pour une étendue ou une distance réelle n'est en fait rien d'autre qu'une étendue imaginée. Par *étendue*, Descartes entend tout ce qui a une longueur, une largeur et une profondeur : l'espace est alors « la grandeur ou la figure », et non un « lieu » qui contient les choses (*Principes de la philosophie*, II, § 14). À l'opposé des scolastiques qui expliquaient l'espace au moyen de forces occultes, Descartes définit l'espace comme géométrique et mathématique, sans recourir à la notion scolastique de « pouvoir » ou d'« énergie ». L'espace n'est pas autre chose qu'un « corps continu » et « divisible » à l'infini (*Discours de la méthode*, p. 61). (Voir « matière ».)

esprits animaux

Descartes explique le vivant par des principes mécaniques. Mais si Descartes pratiquait de nombreuses dissections, les méthodes de recherche n'étaient pas très perfectionnées à son époque. Cela explique sans doute la présence, dans son discours scientifique, de certaines explications imaginées. Les « esprits animaux » sont ainsi décrits comme des particules de matière invisibles à l'œil, qui circulent dans les nerfs et qui agissent sur les muscles. Ils permettent surtout à Descartes d'expliquer le fonctionnement du corps par des mouvements qui relèvent uniquement de l'automatisme.

existence

Il faut distinguer, chez Descartes, l'existence des choses matérielles et l'existence de Dieu. Car ces deux réalités n'existent pas au même sens du terme : un corps existe à partir du moment où je le conçois clairement et distinctement. Existe toute chose dont je connais toutes les parties et sous-parties dans les moindres détails, et dont je relie un effet à sa cause.

Existe aussi toute chose qui résiste au doute ; cette résistance même est le signe d'une existence qui se fait connaître. En revanche, l'existence de Dieu appelle une démonstration qui ne tire pas tant son fondement du doute que de l'absurdité de la thèse et des conséquences de l'inexistence de Dieu : un être parfait préexiste nécessairement à mon idée de perfection, et ne saurait être un néant. Ainsi, l'existence des choses matérielles découle d'une perception claire et distincte, tandis que l'existence de Dieu est la reconnaissance intellectuelle d'une évidence. (Voir « Dieu », et « matière ».)

idées

On peut distinguer chez Descartes trois sortes d'idées :

– les idées qui semblent nées avec nous : les idées *innées* (ce sont celles qui sont claires et distinctes, comme le nombre, la durée, la ligne, le mouvement) ;

– les idées qui nous paraissent étrangères : les idées dites *adventices* (celles que nous construisons avec notre entendement) ;

– les idées que nous construisons nous-mêmes, dites idées *factices* (ce sont celles que produit notre imagination : les chimères). (Voir « pensée ».)

liberté de juger

L'homme, créature de Dieu, a reçu de son Créateur un don, et ce don est la liberté. Nous sommes libres de vouloir infiniment, mais non de pouvoir infiniment. Car si notre volonté est infinie, l'entendement est quant à lui fini. Ainsi, je peux voir et désirer le bien, et cependant faire le mal. La liberté de juger, qui nous fait ressembler d'une certaine façon à Dieu, est aussi la cause de nos erreurs. Car la liberté de juger est aussi liberté de se tromper : chacun demeure libre, au moyen de sa volonté, de diriger son esprit vers le vrai, le douteux ou le faux. (Voir « pensée », et « volonté ».)

matière

La conception cartésienne de la matière est à la base du mécanisme. En effet, seule une matière étendue, géométrisable, peut se prêter à la science. Ainsi, « il n'y a qu'une même matière en tout l'univers et nous ne la connaissons que par cela seul qu'elle est étendue et toutes les propriétés que nous apercevons distinctement en elle se rapportent à cela seul qu'elle peut être divisée et vue selon ses parties, et partant, qu'elle peut recevoir toutes les diverses dispositions que nous remarquons pouvoir arriver par le mouvement de ses parties. » (Voir « mouvement ».)

morale

Descartes distingue toujours avec soin le domaine de la raison de celui de la morale. La certitude morale doit être « suffisante pour régler nos mœurs ou aussi grande que celle des choses dont nous n'avons point coutume de douter touchant la conduite de la vie, bien que nous sachions qu'il se peut faire, absolument parlant, qu'elles soient fausses » (*Principes de la philosophie,* IV, § 205). La « sagesse » de cette morale vise avant tout à une certaine tranquillité dans la vie, qui soit profitable à la recherche scientifique. (Voir « sagesse ».)

mouvement

Les lois du mouvement dérivent de Dieu :
- de son immutabilité : chaque chose persévère dans son état ;
- de la simplicité de ses moyens : chaque corps se meut suivant des lignes droites ; enfin, si un corps en rencontre un autre, celui qui a le plus de force entraîne l'autre dans son mouvement et perd autant de mouvement qu'il lui en donne. (Voir « Dieu ».)

paralogisme

Le paralogisme est un terme philosophique qui désigne une erreur de raisonnement commise de bonne foi. À la différence du sophisme, qui use volontairement d'affirmations fausses auxquelles une habile rhétorique doit donner une apparence de vérité, le paralogisme est une faute de raisonnement, là où nous sommes convaincus de ne pas nous tromper. Par exemple, si nous déduisons de l'ordonnancement de l'univers parfaitement réglé que Dieu est parfait, nous commettons aux yeux de Descartes un paralogisme. Car en réalité, Dieu n'est pas parfait parce que le monde qu'il a créé témoigne d'un ordre parfait, mais ce monde ordonné est parfait parce que Dieu en est l'auteur. Ainsi, le paralogisme inverse l'ordre logique du raisonnement, de telle manière que ce dernier devient faux. (Voir « liberté de juger ».)

pensée

Une chose qui pense est « une chose qui doute, qui entend, qui conçoit, qui affirme, qui nie, qui veut, qui ne veut pas, qui imagine aussi et qui sent » (*Méditations métaphysiques,* Méditation seconde). Pensée et conscience sont donc synonymes : « Par le mot de pensée, j'entends tout ce qui se fait en nous de telle sorte que nous l'apercevons immédiatement par nous-mêmes » (*Principes de la philosophie*, 1, § 9.) La pensée comprend l'entendement qui connaît et la volonté qui juge. (Voir « volonté ».)

principes

Il s'agit d'un ensemble de propositions auquel tout le reste de la connaissance doit être subordonné. On dirait, de nos jours, des *axiomes*. La connaissance des principes premiers est la métaphysique, qui étudie Dieu, le *cogito*. Les principes cartésiens ont la particularité de toujours provenir des démonstrations mathématiques : « Je ne reçois point de principes en physique, écrit-il à Mersenne, qui ne soient aussi reçus en mathématiques. »

sagesse

La sagesse cartésienne pourrait se résumer en trois formules : bonne santé, conduite réglée de sa vie pratique, amour de la science. « Par sagesse, on n'entend pas seulement la prudence dans les affaires mais une parfaite connaissance de toutes les choses que l'homme peut savoir, tant pour la conduite de sa vie que pour la conservation de sa santé et l'invention de tous les arts » (*Lettre-préface* des *Principes de la philosophie*).

substance

Étymologiquement, « ce qui tend sous », le substrat, ce qui n'a pas besoin d'autre chose pour exister. La substance est connaissable par les actions qui expriment sa nature : pour l'âme, dont la nature est de penser, la pensée ; pour la matière, dont la nature est de se mouvoir selon des lois, l'étendue. Ces deux substances sont distinguées chez Descartes, alors qu'il n'existe qu'une seule substance pour Spinoza. Mais Descartes a débarrassé cette notion de son obscurité scolastique. (Voir « matière ».)

vérité

La connaissance évidente de l'idée permet de conclure à la vérité de son objet. Le « critère de l'évidence » définit ainsi comme vrai tout ce qui est perçu comme clair et distinct. (Voir « certitude », et « idées ».)

vie

Pour Descartes, vivre n'est pas simplement se laisser vivre ou se maintenir en vie. La vie, telle que Descartes l'a vécue et telle qu'il la conçoit, est une perpétuelle recherche de la vérité.

C'est là la seule chose qui doit nous importer : « [...] je ne laisse pas de recevoir une extrême satisfaction du progrès que je pense avoir déjà fait en la recherche de la vérité ». Et, ajoute Descartes, « si, entre les occupations des hommes purement hommes, il y en a quelqu'une qui soit solidement bonne et importante, j'ose croire que c'est celle que j'ai choisie » (*Discours de la méthode*, p. 39). On ne peut vivre sans certitude. Aussi, connaître la vérité, c'est savoir pourquoi et comment agir, c'est savoir prendre une décision. Sans connaissance de la vérité, sans certitude, nous sommes voués à l'irrésolution et à l'inaction. Nous sommes, pourrait-on dire, « inaptes » à la vie. (Voir « bonheur », « certitude », et « sagesse ».)

volonté

« La volonté consiste seulement en ce que, pour affirmer ou créer, poursuivre ou fuir ces choses que l'entendement nous propose, nous agissons de telle sorte que nous ne sentons point qu'aucune force extérieure nous y contraigne. » La volonté libre est infinie, et par là, nous nous rapprochons de Dieu. Toutefois, « nous la portons ordinairement au-delà de ce que nous connaissons clairement et distinctement ; et lorsque nous en abusons de la sorte, ce n'est pas merveille s'il nous arrive de nous méprendre » (*Principes de la philosophie*, I, § 35). Notre volonté, n'étant pas parfaite comme celle de Dieu, croit parfois pouvoir au-delà de ce que lui permet l'entendement fini de l'homme. (Voir « liberté de juger ».)

Bibliographie commentée

Œuvres de Descartes

Nous ne pouvons renvoyer le lecteur aux innombrables éditions qui ont été faites de l'œuvre de Descartes. Signalons simplement :

Œuvres complètes :

ADAM Ch. et TANNERY P. éd., *Œuvres de Descartes*, Vrin, 1996. C'est l'édition la plus complète des œuvres de Descartes ; sur onze volumes, elle rassemble en effet tous les textes (inédits, lettres, écrits posthumes, etc.) attribués à l'auteur du *Discours*. Réservé aux spécialistes.

BRIDOUX A. éd., *Descartes, Œuvres et Lettres*, Gallimard, « Bibliothèque de la Pléiade », 1953.

Œuvres en collection de poche :

Méditations métaphysiques, notes et commentaires A. Vergez, Nathan, coll. « Les Intégrales de Philo », 1998.

Les Passions de l'âme, GF-Flammarion, 1996.

Lettre-préface des Principes de la philosophie, notes et commentaires J. Danton, Nathan, coll. « Les Intégrales de Philo », 1998.

Correspondance avec Élisabeth et autres lettres, introduction J.-M. et M. Beyssade, GF-Flammarion, 1989.

Études critiques

Pour une introduction à la pensée de Descartes

ALQUIÉ F., article « Descartes », in *Encyclopedia Universalis.*

BREHIER É., article « Descartes », in *Histoire de la philosophie*, vol. II, PUF, coll. « Quadrige », 1981.

GUÉNANCIA P., *Descartes*, Bordas, coll. « Philosophie présente », 1986. Une initiation progressive et méthodique à la pensée cartésienne.

RODIS-LEWIS G., *Descartes, textes et débats*, Le Livre de Poche, 1984.

RODIS-LEWIS G., *Descartes et le rationalisme*, PUF, coll. « Que sais-je ? », 1992.

Pour aller plus loin

• Ouvrages généraux sur Descartes

ALQUIÉ F., *La Découverte métaphysique de l'homme chez Descartes*, PUF, coll. « Épiméthée », 1991. Une somme essentielle, mais réservée à des étudiants disposant de loisirs suffisants.

BEYSSADE J.-M., *La Philosophie première de Descartes*, Flammarion, 1979.

GOUHIER H., *La Pensée métaphysique de Descartes*, Vrin, 1987.

MARION J.-L., *Questions cartésiennes I et II*, PUF, 1991-1996.

MARION J.-L., *Sur le prisme métaphysique de Descartes*, PUF, coll. « Epiméthée », 1986. Un ouvrage difficile.

RODIS-LEWIS G., *Descartes*, Calmann-Lévy, 1995. Biographie exhaustive de l'auteur du *Discours de la méthode.*

RODIS-LEWIS G., *L'Œuvre de Descartes*, 2 vol., Vrin, 1971. Par une éminente spécialiste du cartésianisme.

• **Sur le *Discours de la méthode***

GILSON É., *Commentaire du Discours de la méthode*, Vrin, 1925. Un commentaire qui, encore aujourd'hui, fait autorité.

GOUHIER H., *Essais sur le « Discours de la méthode », la métaphysique et la morale*, Vrin, 1973.

GRIMALDI N. et MARION J.-L. (dir.), *Le Discours et sa méthode*, coll. « Épiméthée », PUF, 1987. Actes du colloque organisé à la Sorbonne en janvier 1987 pour célébrer le 350e anniversaire du *Discours de la méthode.*

MÉCHOULAN H. , *Problématique et Réception du « Discours de la méthode » et des « Essais »*, Vrin, 1988.

Avec la collaboration de Christine Thubert.

Crédit reproduction couverture : Archivo L.A.R.A./Planeta
Édition : Anne-Maty NIANG.
Conception graphique intérieur : Thierry MÉLÉARD.
Conception couverture : Denis HOCH.
Iconographie : Michèle VIAL.
Fabrication : Jacques LANNOY.
Crédit photographique : Arch. Nathan.

Titres disponibles dans la collection

Imprimé en France par SEPEC
N° d'éditeur : 10189770
Dépôt légal : juillet 2012